Robert Winston

¿Por qué soy como soy?

Comprende de qué estás hecho

UN LIBRO DE DORLING KINDERSLEY
www.dk.com

Coordinación editorial: Jimena Licitra
Traducción del inglés: María José Hernández, médico
Título original: *What makes me me?*

Publicado por primera vez en Gran Bretaña en 2004
por Dorling Kindersley Limited (grupo Penguin)

Dirección original: Sue Leonard
Edición original: Mary Ling, Benjamin Morgan,
Elizabeth Haldane, Zahavit Shalev, Susan Watt
Dirección artística: Jane Bull
Edición artística: Claire Shedden, Claire Patané
Diseño CTP: Almudena Díaz, Pilar Morales
Diseño de cubierta original: Victoria Harvey
Documentación gráfica: Sean Hunter, Sarah Stewart-Richardson
Producción: Shivani Pandey

Círculo de Lectores, S.A. (Sociedad Unipersonal)
Travessera de Gràcia, 47-49. 08021 Barcelona
www.circulo.es
1 3 5 7 9 5 0 0 2 8 6 4 2

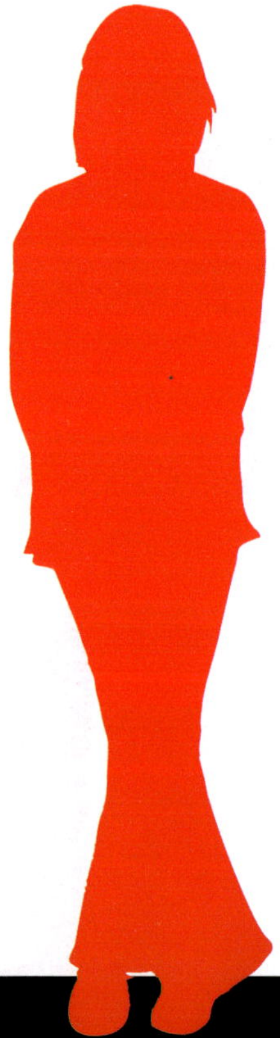

ISBN: 84-672-0990-9

Cuatricromía: Media, Development and Printing, Ltd
Impreso y fabricado en Italia por L.E.G.O.

N. 20388

¿Alguna vez te has preguntado por qué detestas las coles de Bruselas, por qué tu cara es diferente a la de cualquier otra persona y por qué a veces, al hablar, tu voz suena casi exactamente como la de tus padres? Tu cuerpo, tu cerebro y el modo en que piensas, actúas y te comportas están relacionados, y todos contribuyen a hacer de ti alguien diferente al resto del mundo.

Este libro trata sobre todo lo que hace de ti una persona única, desde la forma de las orejas y el tono de voz que tienes hasta las cosas que te asustan o te hacen reír. Tus genes, tu personalidad, tus capacidades forman parte de esta historia, y puedes saber más sobre ellos haciendo las pruebas que hay en este libro. Sobre todo, este libro ha sido pensado para que sea divertido descubrir lo que hace que tú seas *tú*.

Robert Winston.

ÍNDICE

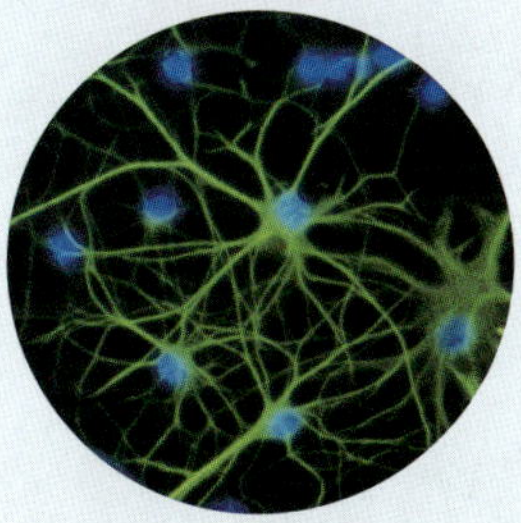

6825

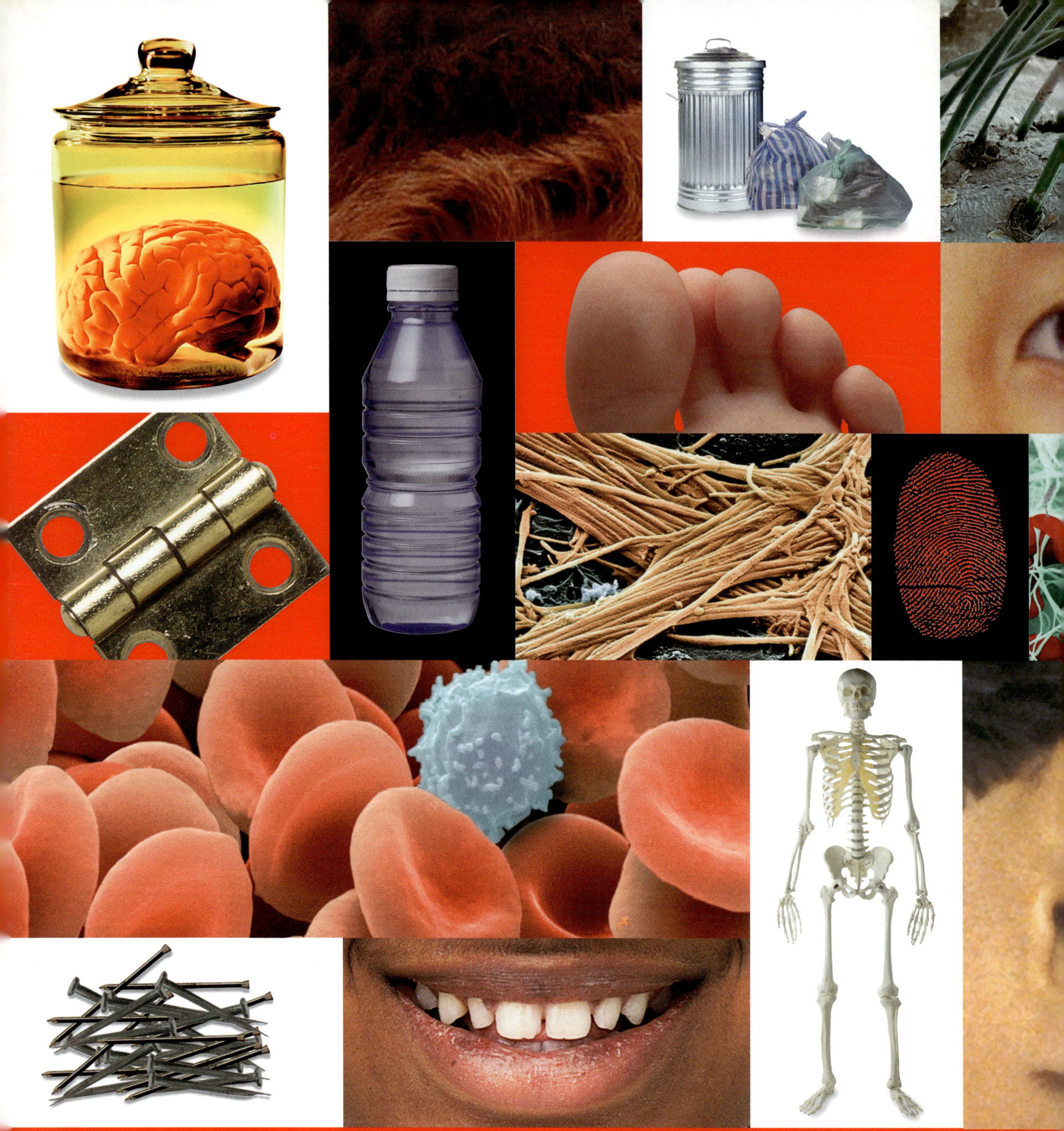

¿DE QUÉ ESTOY HECHO?

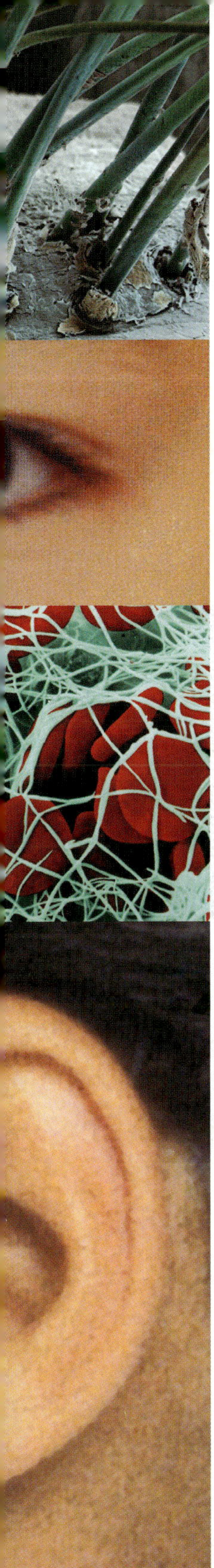

Tu cuerpo es una máquina increíblemente complicada formada por millones y millones de átomos.

Durante más de 4.000 años, el ser humano ha intentado comprender cómo funciona el cuerpo, y aún quedan muchos misterios por resolver, como el modo en que funciona el cerebro.

Pero sí sabemos a ciencia cierta de qué estamos hechos: simplemente agua, carbono y unos cuantos elementos químicos simples que se encuentran por todas partes. De hecho, de cualquier jardín se pueden obtener todos los átomos necesarios para hacer un ser humano.

Los INGREDIENTES

Imagina que quieres construir un cuerpo humano desde cero, usando los ingredientes más simples. Puedes hacerlo con sólo 13 sustancias químicas, los **elementos**. Los elementos del cuerpo humano no son especiales: estamos formados por las mismas sustancias que otros seres vivos, desde **moscas** a las **ballenas**.

1 65% Oxígeno

El oxígeno, que forma casi dos terceras partes del organismo, se encuentra sobre todo en forma de agua (H_2O). También obtenemos oxígeno del aire cada vez que respiramos.

2 18% Carbono

Este elemento forma también el carbón, el diamante y el grafito de los lápices. Sus átomos se unen en largas cadenas y forman la estructura de las moléculas más complejas del organismo.

3 10% Hidrógeno

Es el elemento más común del universo. El gas hidrógeno puede **atravesar las paredes** y flotar en el aire; por eso antes se llenaban los globos con él (hasta que se descubrió que explotaba fácilmente).

4 3% Nitrógeno

Un saco de fertilizante para plantas tiene casi tanto nitrógeno como un cuerpo humano. Es uno de los ingredientes principales de los músculos y el principal componente del aire.

5 1% Fósforo

Este elemento hace que las cabezas de las cerillas ardan. También hace que los huesos y los dientes sean duros, forma las membranas celulares y ayuda a transportar energía.

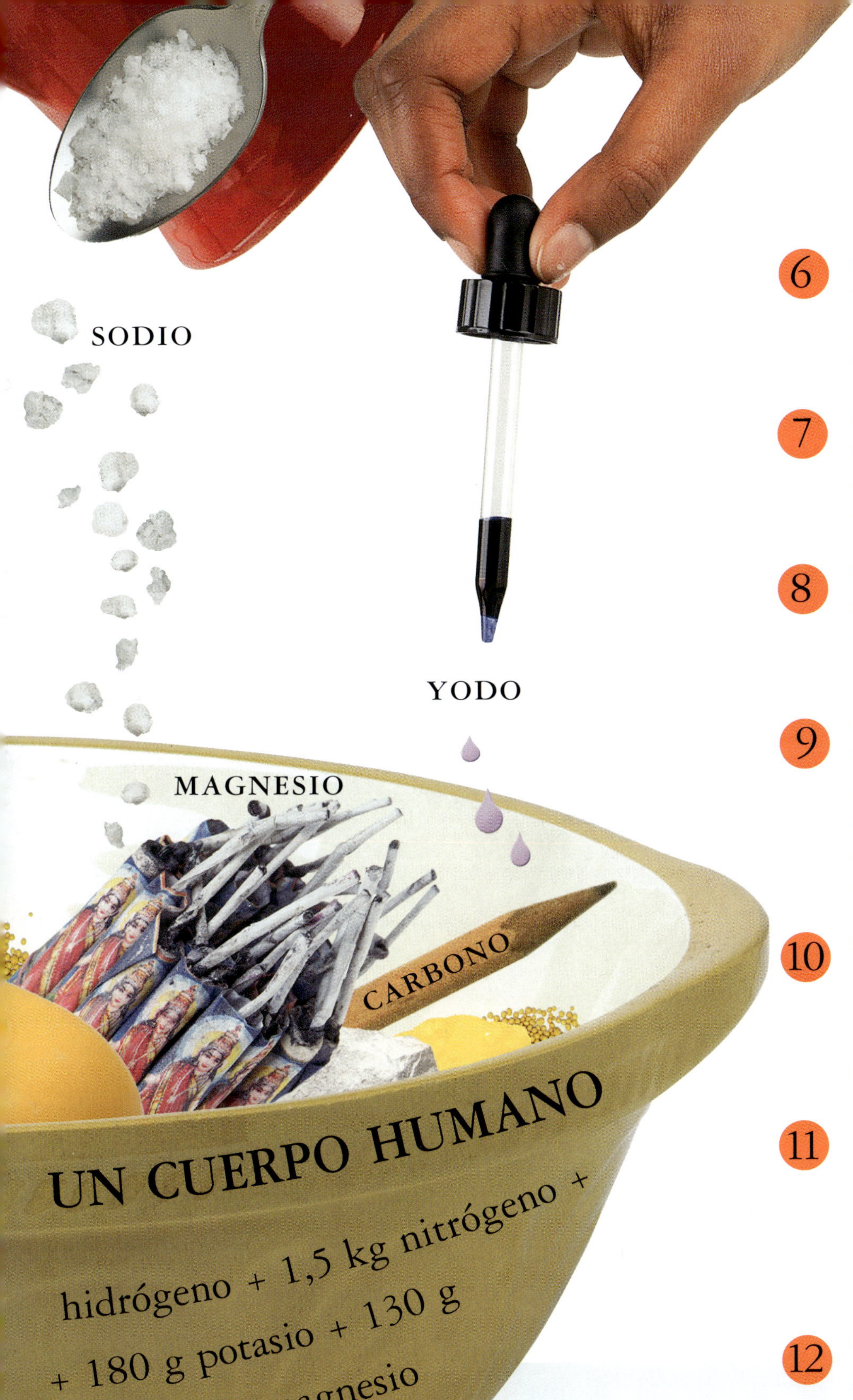

¿Algo más?

Para tener un cuerpo perfecto también se necesitan pequeñas cantidades de cobre, cinc, manganeso, cobalto, litio, estroncio, aluminio, silicio, plomo y arsénico. Un cuerpo humano de tamaño medio tiene 90 microgramos de **uranio**.

6 0,35% Potasio

Los buenos jabones están hechos con potasio. El potasio también hace que los líquidos corporales estén equilibrados.

7 0,15% Cloro

El cloro es un **gas verde mortífero,** utilizado para hacer la lejía. En el cuerpo, se une al sodio y forma sal (cloruro de sodio).

8 0,15% Sodio

Es el otro elemento que forma el cloruro de sodio. La sal hace que los líquidos del cuerpo sean justo tan salados como el agua de mar.

9 0,05% Magnesio

La luz blanca de los fuegos artificiales procede del magnesio en combustión. En el cuerpo, el magnesio refuerza el sistema inmunitario, interviene en las descargas nerviosas y en la contracción muscular.

10 0,25% Azufre

Es una parte vital de las proteínas y ayuda a que la sangre se coagule. Es el responsable del mal olor de las ventosidades, los huevos podridos y las aguas estancadas.

11 1,6% Calcio

El calcio forma las conchas marinas, la tiza y el mármol. Tiene la misma función en los huesos y los dientes, y permite que el corazón lata y que los músculos se contraigan.

12 0,008% Hierro

En la sangre hay suficiente hierro para hacer un clavo. El hierro se vuelve rojo cuando se une al oxígeno: por eso la sangre y el óxido son rojos.

13 0,00004% Yodo

Tenemos poco, pero moriríamos sin él. Si se da yodo a los renacuajos, se estimula el crecimiento y se convierten en ranas.

CÉLULAS

Nadie podrá crear nunca un cuerpo humano mezclando simplemente elementos químicos; esto sería como esperar que cayera una tormenta en un depósito de chatarra para formar un avión a reacción. En lugar de eso, es preciso comenzar con los ladrillos adecuados. Los ladrillos más pequeños son unidades microscópicas, las **células**; se necesitan hasta **100 billones** y hay que combinarlas en un rompecabezas increíblemente complicado. Aquí tienes unas cuantas.

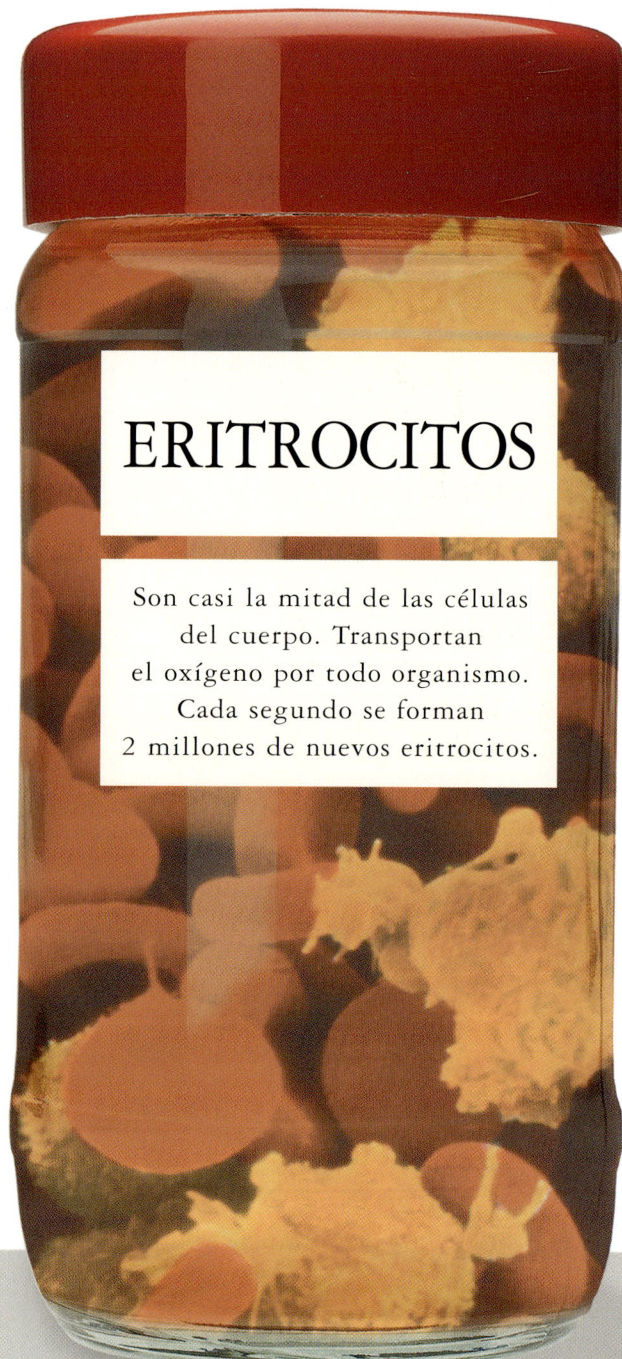

Células del ojo
Las células de la parte posterior del ojo detectan la luz y son los receptores del sentido de la vista.

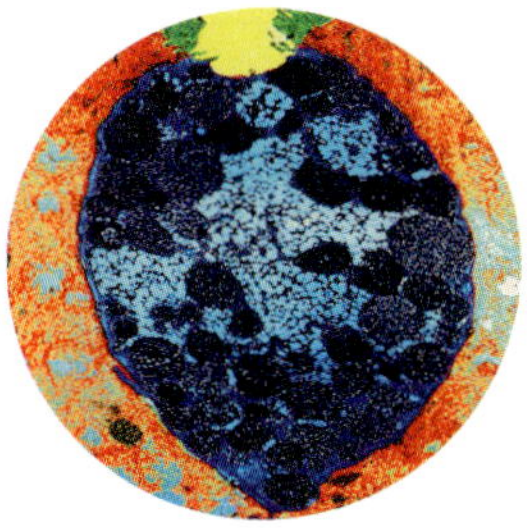

Célula caliciforme
Producen el líquido viscoso (**moco**) de la nariz y el intestino.

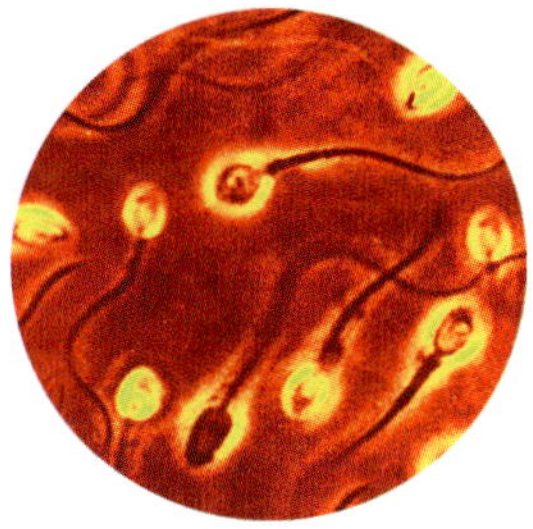

Espermatozoide
La unión del espermatozoide de un hombre y el óvulo de la mujer forma un nuevo ser.

Células cutáneas
Estas células escamosas protegen del mundo exterior.

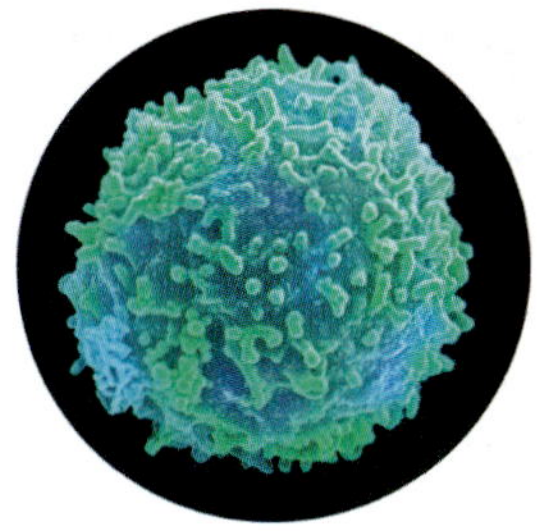

Leucocito
Es una especie de soldado errante. Busca gérmenes y **los destruye**.

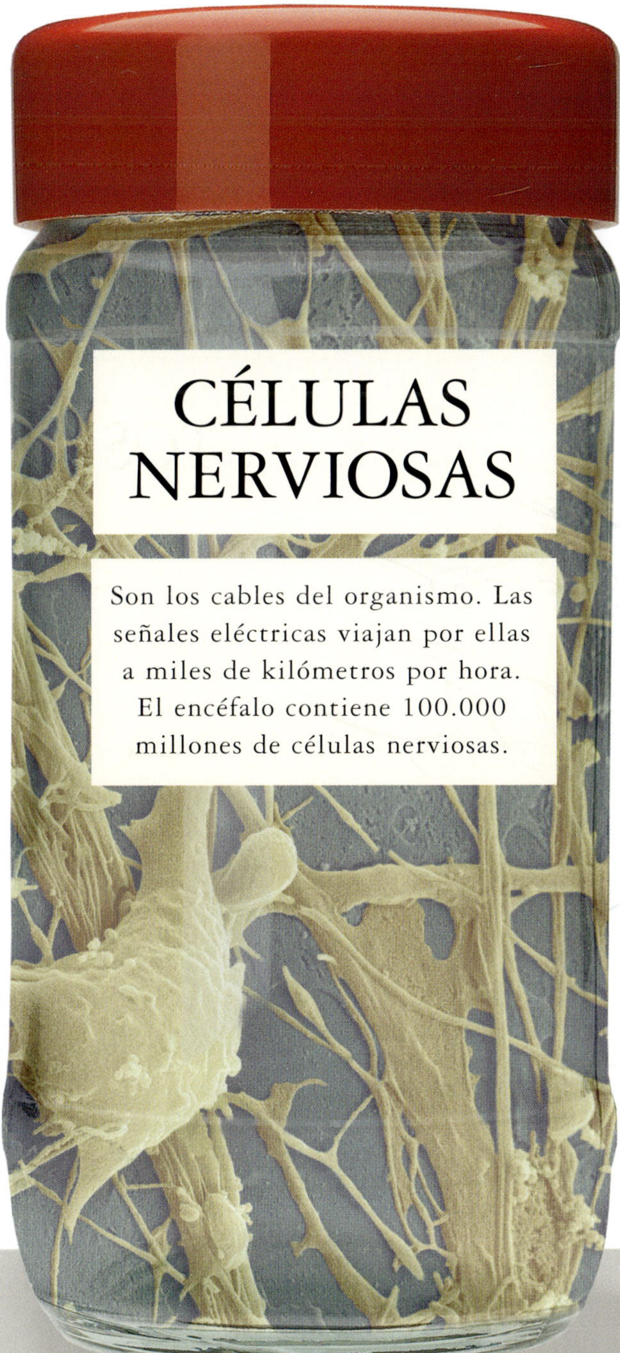

CÉLULAS NERVIOSAS

Son los cables del organismo. Las señales eléctricas viajan por ellas a miles de kilómetros por hora. El encéfalo contiene 100.000 millones de células nerviosas.

CÉLULAS ÓSEAS

Aunque los huesos parecen muertos, en realidad están formados por células vivas. Las células se rodean de minerales para que el hueso sea más duro.

PARTES DEL CUERPO

Se tardaría una **eternidad** en construir un cuerpo con 100 billones de células separadas, aunque se puede ir más rápido usando "ladrillos" mayores. Las células se agrupan con otras similares para formar **tejidos**, como la grasa, el hueso o el

5 litros de **sangre**, 2 m^2 de **piel**, 5 millones de **pelos**, 1 cubo de **grasa**,

La sangre es un tejido líquido que lleva elementos vitales a todo el cuerpo. La forman billones de células que nadan en una mezcla acuosa de sal, azúcar y otras sustancias.

El órgano más grande es la piel, que protege el interior del cuerpo. Su capa externa se descama y cae continuamente.

Están en todo el cuerpo, salvo en los párpados, los labios, las palmas y las plantas.

La energía sobrante se almacena como grasa bajo la piel y alrededor de los órganos.

2 **pulmones**, 2 **riñones** conectados a 1 **vejiga**, 1 **estómago**, 9 m

Los pulmones captan el vital **oxígeno** del aire y lo pasan a la sangre.

Los riñones filtran los desechos que produce el cuerpo y los eliminan en la orina.

La orina pasa de los riñones a una bolsa elástica, la vejiga. Cuando está llena, se siente la necesidad de orinar.

El estómago es una cámara en forma de jota que mezcla la comida y la desmenuza gracias a un ácido.

músculo. Uno o más tejidos diferentes se unen para formar una parte del cuerpo con una función específica (corazón, estómago, encéfalo), lo que llamamos un **órgano**. Veamos qué tejidos y órganos se necesitan para hacer un cuerpo humano.

206 **huesos** unidos a 640 **músculos**, 100.000 km de **vasos sanguíneos**, 1 **corazón**,

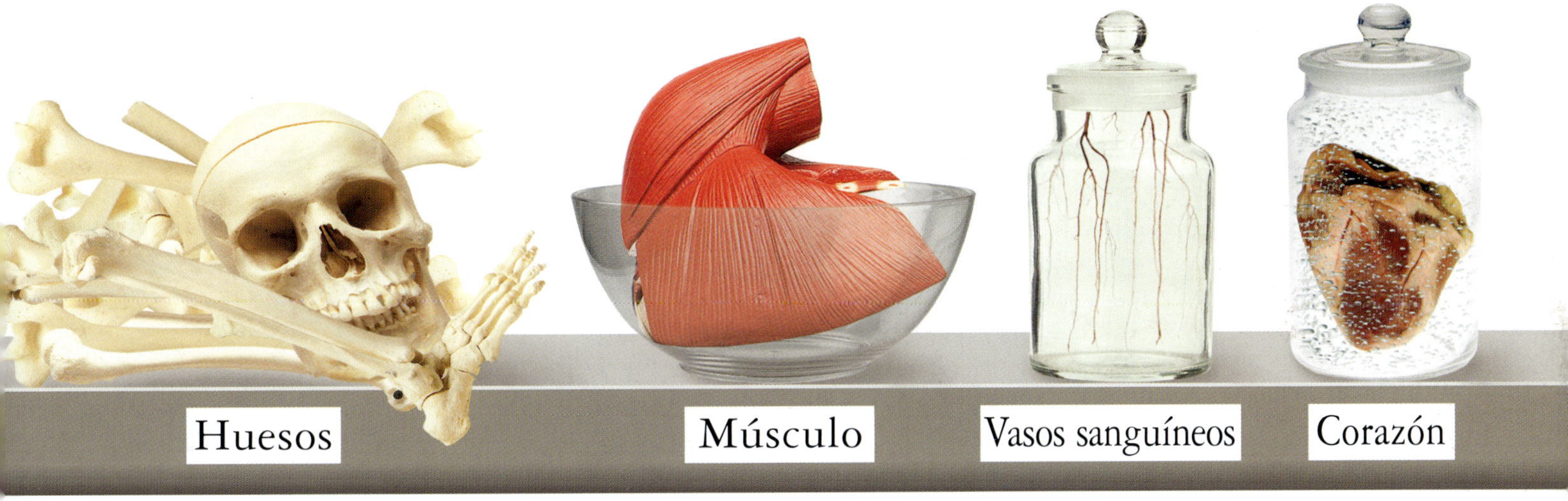

Huesos

Forman el esqueleto, que mantiene todos los elementos en su lugar y permite el movimiento gracias a las articulaciones, increíblemente móviles.

Músculo

Los músculos se fijan a los huesos y mueven el cuerpo. Forman órganos internos, como el corazón y el intestino.

Vasos sanguíneos

La sangre fluye por tubos llamados vasos sanguíneos (arterias, venas y capilares).

Corazón

Esta bomba envía la sangre a todo el cuerpo. Nunca se para (hasta el momento de la muerte).

de **intestinos**, 1 **hígado**, 32 **dientes**, 1 **encéfalo** y varios **órganos sensoriales**

Intestinos

Digieren la comida y producen elementos simples que puede absorber la sangre.

Hígado

Es una especie de factoría química que procesa los elementos químicos de la sangre.

Dientes

Cortan la comida y la trituran, formando una pasta fácil de tragar.

Encéfalo

Es el centro de control del cuerpo y de la inteligencia. En él surgen los pensamientos, las emociones y la memoria.

Ojos, oídos y nariz

Los ojos, los oídos y la nariz son los órganos sensoriales más importantes.

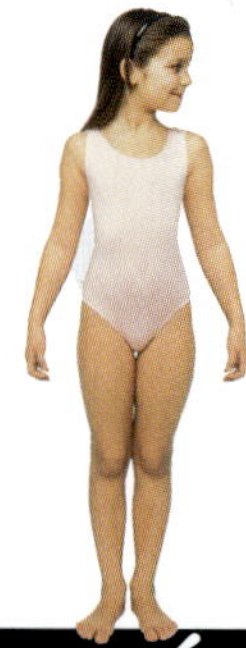

TÚ

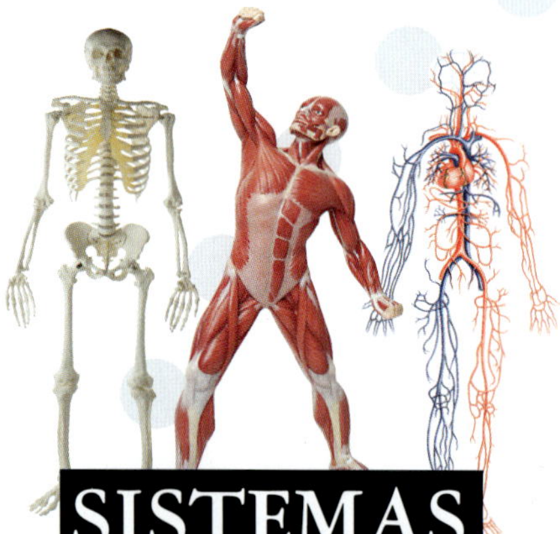

SISTEMAS

ELEMENTOS

A JUNTARLO TODO

ÓRGANOS

CÉLULAS

Una vez reunido un conjunto completo de **elementos del cuerpo**, puedes empezar a unirlos. Forma células y con estas crea órganos y únelos formando **sistemas**, cada uno con una función particular. El primer sistema que hay que construir es el esqueleto, que sirve de base para el resto. Luego sólo tienes que añadir el resto de órganos; conéctalos, cubre todo con una capa de piel y pon a funcionar los órganos de los sentidos.

Esqueleto

Es un marco interno de huesos que mantienen el organismo. Sin él, el cuerpo se caería al suelo como si fuera de gelatina. Casi el 25% del peso se debe a los huesos. Tenemos 206 huesos, y la mitad están en las manos y los pies. Los huesos se conectan mediante un ingenioso sistema de **articulaciones** que permiten que el cuerpo se mueva.

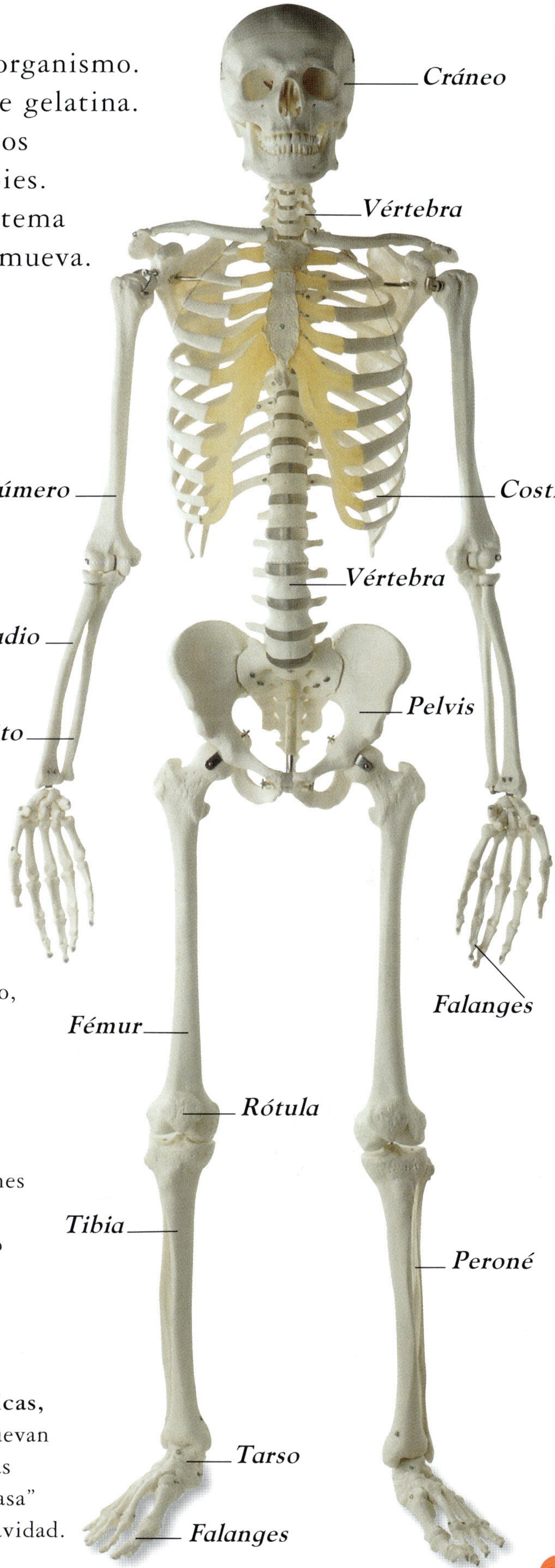

El hueso duele y sangra cuando se rompe

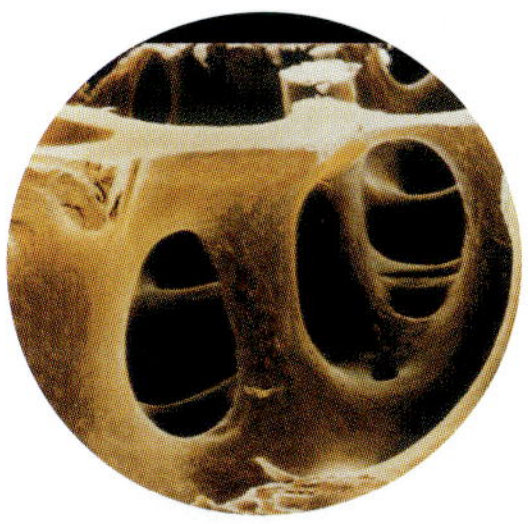

¿Qué es un hueso?

No es tan sólido y duro como parece. Su interior está lleno de **espacios huecos** que lo hacen más ligero y por donde pasan los vasos sanguíneos y nervios.

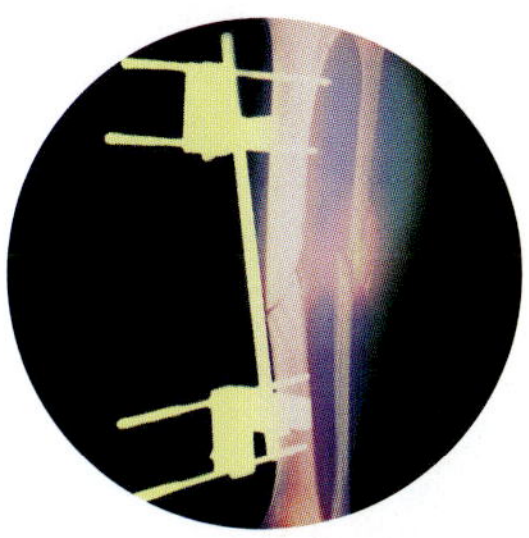

¿Cómo se cura?

El hueso es un **tejido vivo** que crece o se cura, igual que la piel. Si se rompe, se forma rápidamente nuevo tejido óseo y se rellena la zona rota. Si haces ejercicio, tus huesos serán más densos y fuertes.

Las articulaciones

Unen los huesos pero permiten que se muevan en cierto grado. Las articulaciones de dedos, codos y rodillas funcionan como **bisagras** y limitan el movimiento casi a una sola dirección.

Las caderas

Caderas y codos son articulaciones **esféricas**, que permiten que brazos y piernas se muevan en cualquier dirección. Como en todas las articulaciones móviles, un líquido "engrasa" la articulación para que se mueva con suavidad.

Los músculos

Permiten el movimiento. Los más grandes se disponen alrededor de los huesos y se unen a ellos por una especie de cuerdas fibrosas, los **tendones**. Al contraerse, los músculos tiran de los huesos y mueven el esqueleto. Controlas de modo consciente unos 640 músculos, pero hay otros cientos que no puedes mover voluntariamente.

Casi el 40% del peso corresponde a los músculos

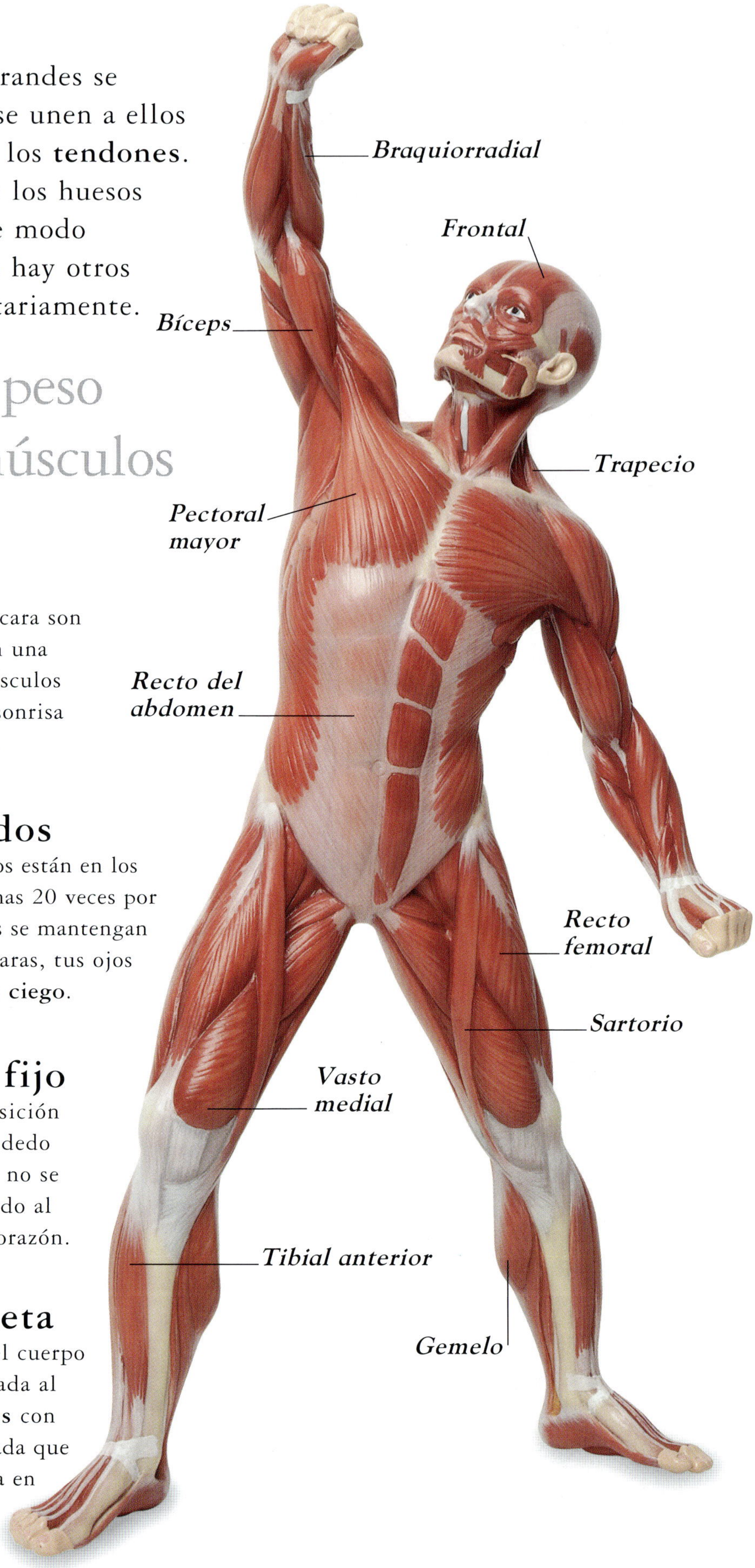

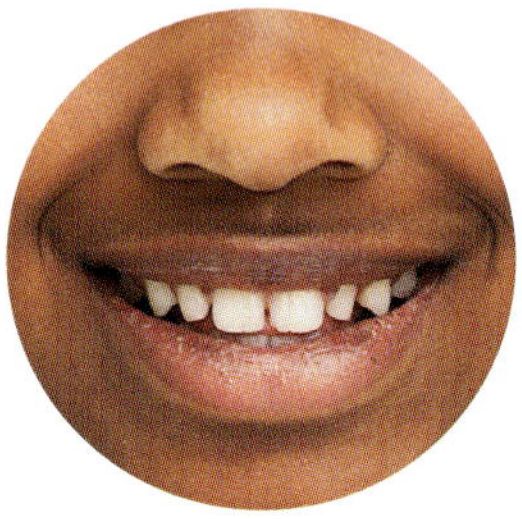

Sonrisa falsa

Los **60 músculos** de la cara son voluntarios en parte. En una sonrisa falsa se usan músculos diferentes a los de una sonrisa verdadera, involuntaria.

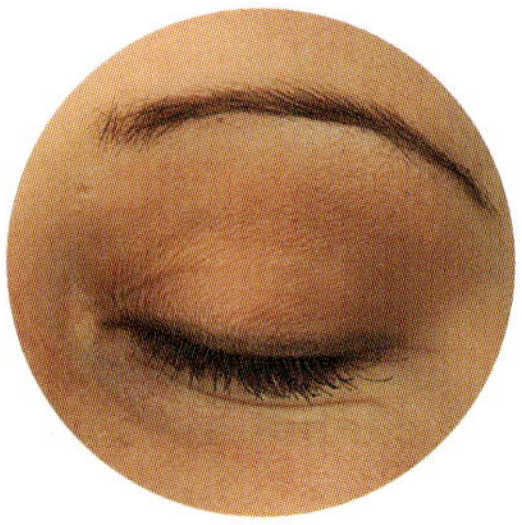

Los más rápidos

Los músculos más rápidos están en los párpados. Se contraen unas 20 veces por minuto para que los ojos se mantengan húmedos. Si no parpadearas, tus ojos se secarían y te volverías **ciego**.

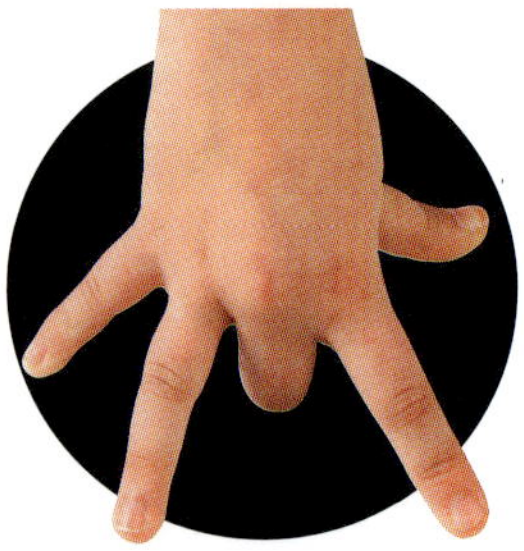

Mi dedo está fijo

Pon la mano en esta posición e intenta levantar cada dedo por separado. El anular no se levanta porque está unido al mismo tendón que el corazón.

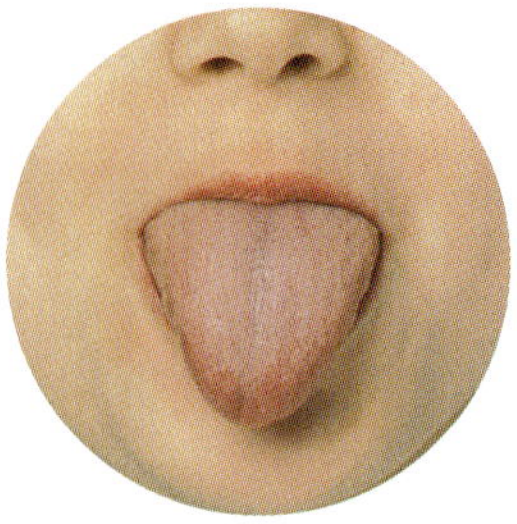

Lengua inquieta

La parte más flexible del cuerpo es la lengua. Está formada al menos por 14 **músculos** con una colocación complicada que permite mover la lengua en cualquier dirección.

Sistema circulatorio

La sangre es el sistema de transporte del cuerpo. El corazón la bombea y recorre el organismo por unos tubos, los vasos sanguíneos; lleva a las células el **oxígeno**, el alimento y las sustancias químicas que necesita. Además, tiene células que matan los gérmenes, elimina los desechos y disipa el calor. Si una persona pierde una tercera parte de la sangre puede seguir viva, pero si pierde la mitad, muere.

El corazón late unas 100.000 veces al día

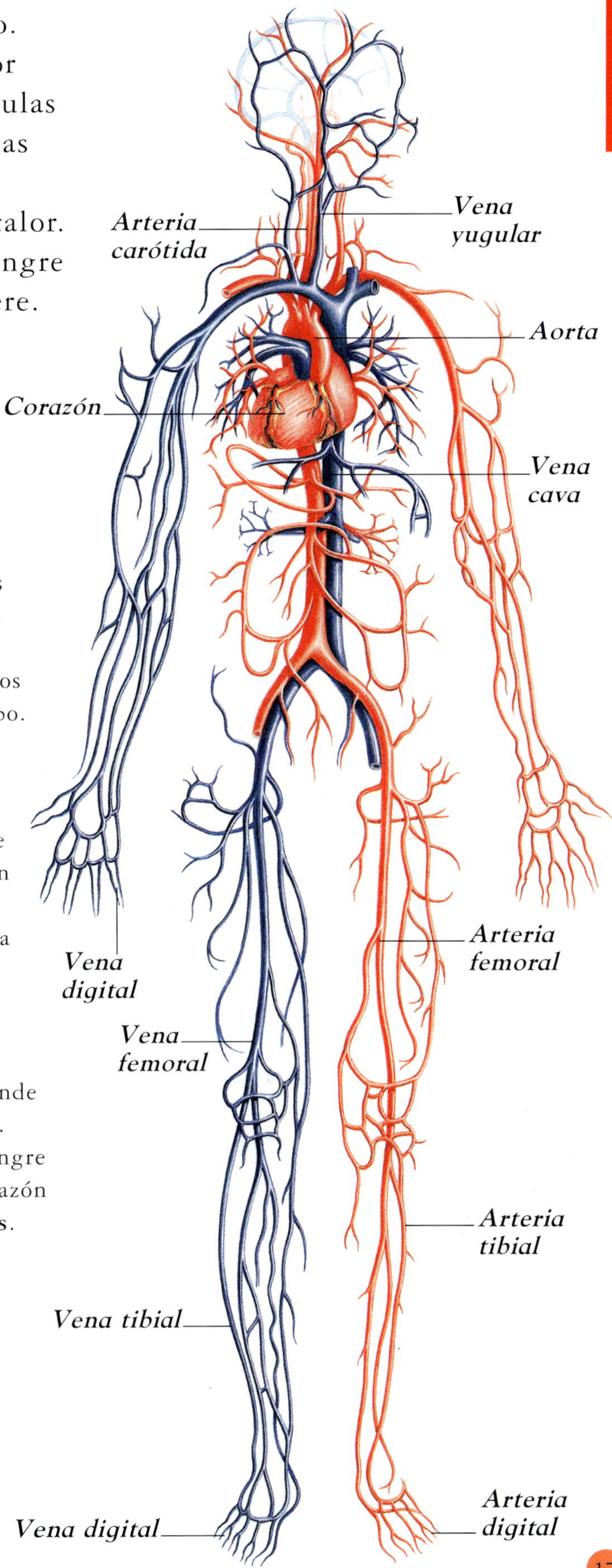

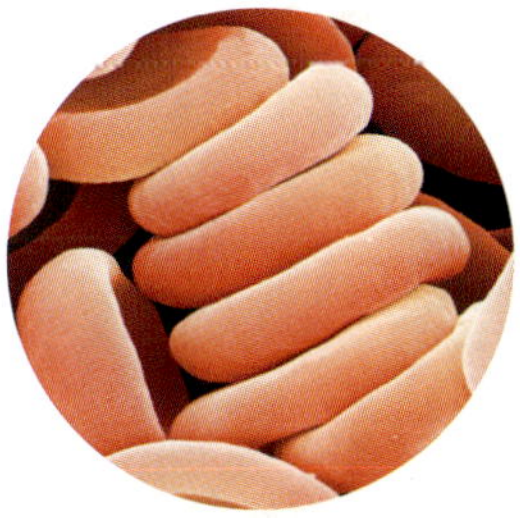

Eritrocitos

Una sola gota de sangre contiene unos 5 millones de eritrocitos. Están llenos de una sustancia rica en hierro, la **hemoglobina**, que capta oxígeno de los pulmones y lo libera por todo el cuerpo.

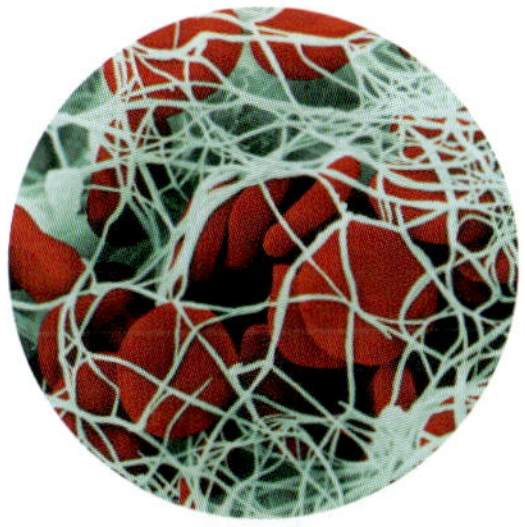

Coágulo sanguíneo

Si te cortas, unas sustancias químicas de la sangre reaccionan con el aire y forman haces de fibras pegajosas que atrapan a las células sanguíneas. El coágulo se seca y se convierte en una costra.

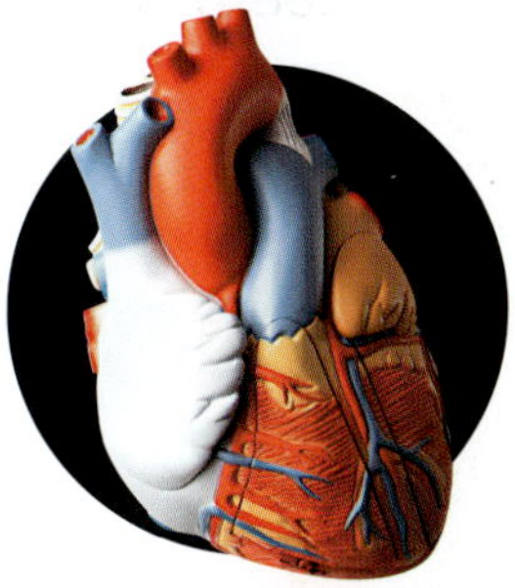

Corazón

Es un órgano muscular hueco, tan grande como un puño pero mucho más fuerte. Cuando late, envía casi una taza de sangre hacia el cuerpo. La sangre sale del corazón por las **arterias** y vuelve por las **venas**.

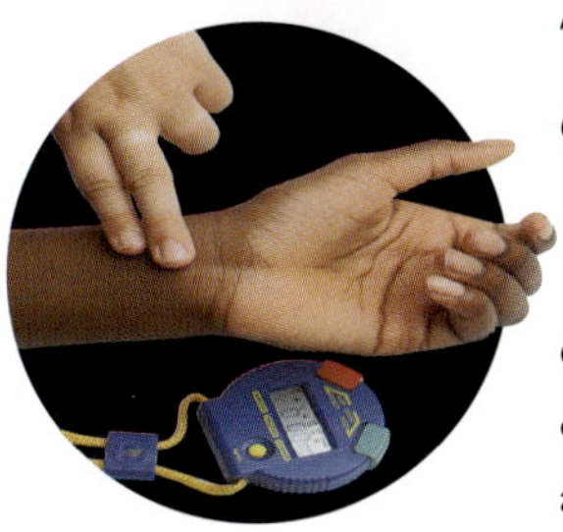

Tómate el pulso

Con cada latido cardiaco, la sangre se frena y avanza. Ese movimiento, el pulso, se nota en las arterias: puede subir de 70 latidos/min (normal) a 200 (esfuerzo, nerviosismo).

Sistema nervioso

El sistema nervioso permite que el cuerpo reaccione al mundo **como un rayo**. Funciona como una red de cables eléctricos, pero lleva información en lugar de electricidad. Su centro de control es el encéfalo, que recibe señales de los órganos de los sentidos, elabora la información y envía nuevas **señales** que indican al cuerpo cómo reaccionar.

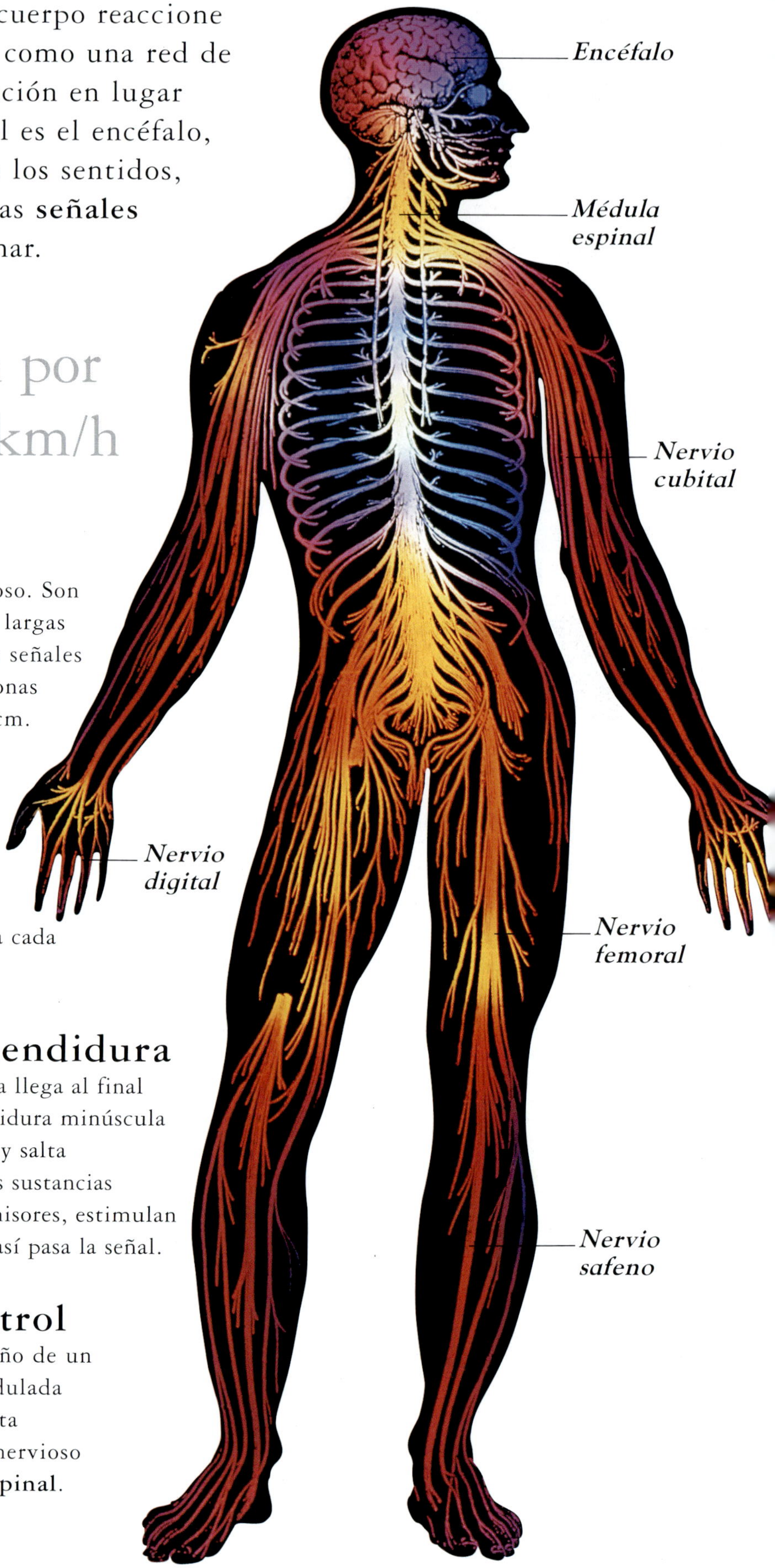

Las señales viajan por los nervios a 400 km/h

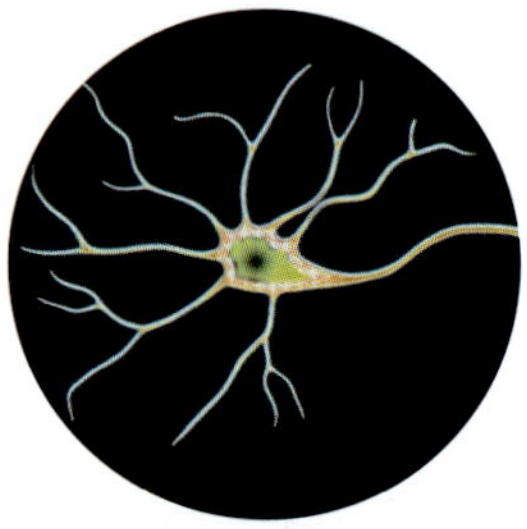

Las neuronas

Forman el sistema nervioso. Son células que tienen fibras largas y delgadas que llevan las señales eléctricas. Algunas neuronas tienen fibras de casi 90 cm.

Nervios

Son los cables principales del cuerpo y contienen miles de fibras nerviosas. Las fibras salen y llegan a cada rincón del organismo.

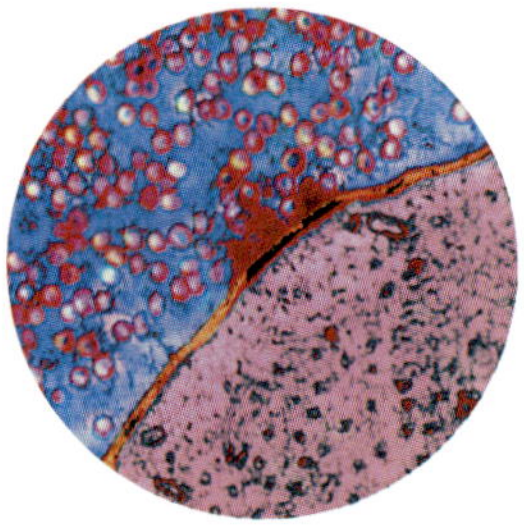

Atravesar la hendidura

Cuando una señal eléctrica llega al final de una neurona, una hendidura minúscula llamada **sinapsis**, se para y salta a la siguiente célula. Unas sustancias químicas, los neurotransmisores, estimulan a la siguiente neurona, y así pasa la señal.

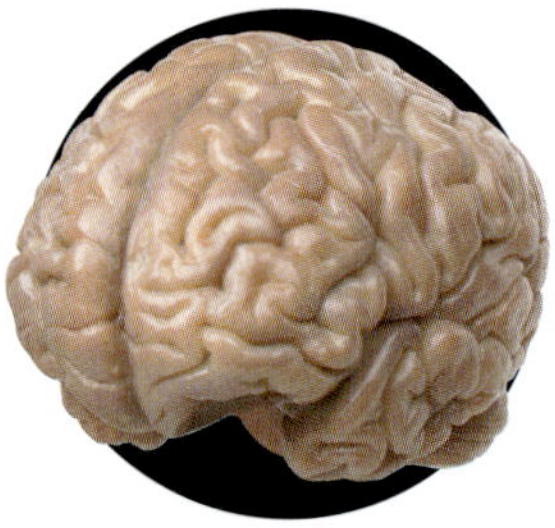

Centro de control

El encéfalo tiene el tamaño de un coco y una superficie ondulada como una nuez. Se conecta con el resto del sistema nervioso a través de la **médula espinal**.

Sistema digestivo

Todo lo que comes pasa por el tubo digestivo, un conducto largo y complicado que recorrre el cuerpo y ocupa la mayor parte de la tripa. Los órganos digestivos producen sustancias químicas potentes, las **enzimas**. Estas actúan sobre las moléculas grandes de la comida y las rompen, formando fragmentos diminutos que el cuerpo puede **absorber**.

Una comida tarda 18-30 horas en salir de ti

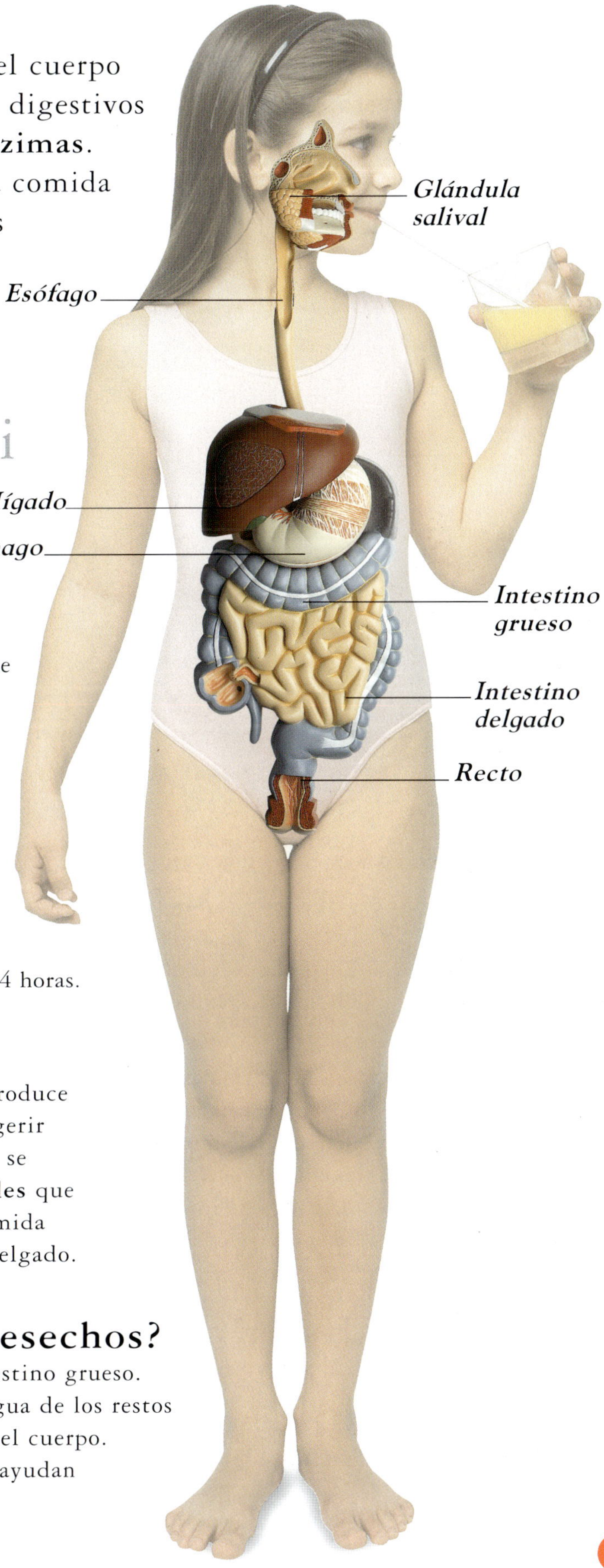

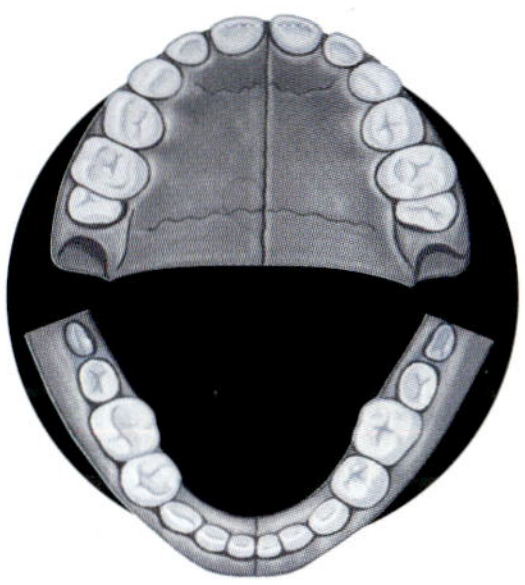

Dientes

Son las partes más duras del cuerpo. Desmenuzan la comida y la mezclan con la **saliva,** un líquido que contiene enzimas digestivas. En general, un adulto tiene 32 dientes.

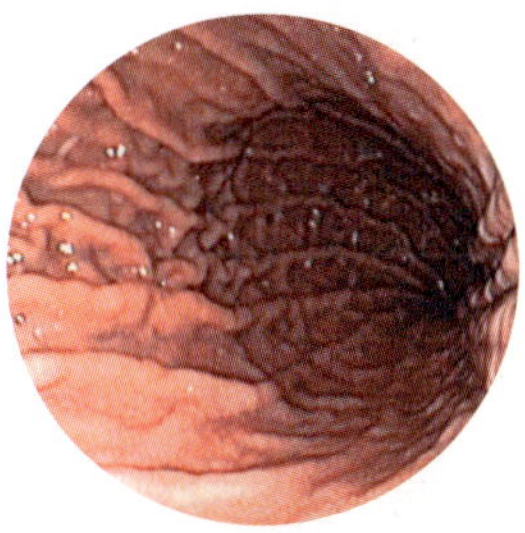

En el estómago

El estómago se estira para almacenar comida y la amasa junto con un ácido y enzimas hasta convertirla en un líquido cremoso. La comida está en el estómago hasta 4 horas.

Intestino delgado

Es un tubo largo y enredado que produce muchas enzimas diferentes para digerir la comida. Los alimentos digeridos se absorben después en las **vellosidades** que cubren la superficie interna. La comida está hasta 6 horas en el intestino delgado.

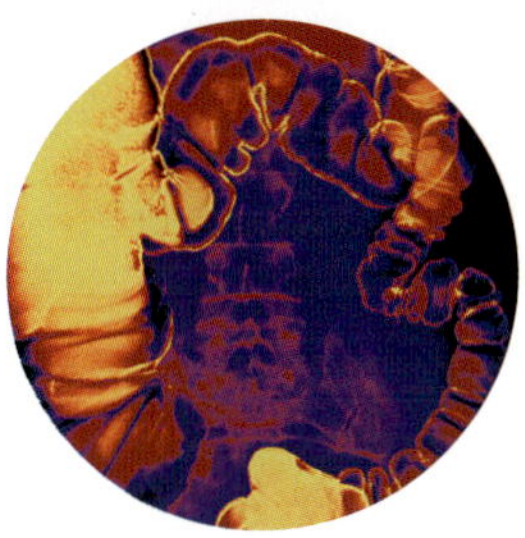

¿Qué pasa con los desechos?

Los restos sin digerir llegan al intestino grueso. Es un tubo ancho que absorbe el agua de los restos de comida y expulsa los desechos del cuerpo. En él crecen bacterias inocuas que ayudan a absorber las vitaminas.

Sistema respiratorio

Todas las células del cuerpo necesitan recibir un gas vital, el **oxígeno**, que se obtiene del aire. El sistema respiratorio capta el oxígeno y lo transfiere a la sangre. Los órganos principales de este sistema son los **pulmones**, que aspiran el aire cada vez que respiras. Funcionan como esponjas gigantes, que absorben aire en lugar de agua.

Inspiras y espiras unas 23.000 veces al día

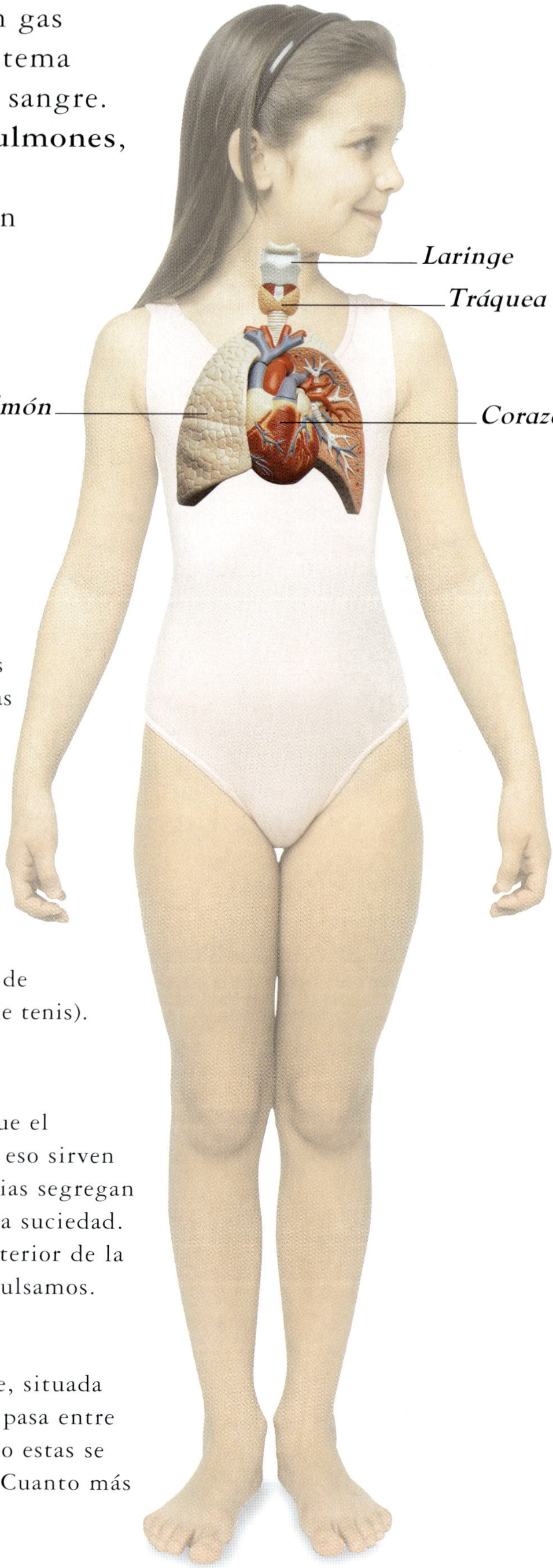

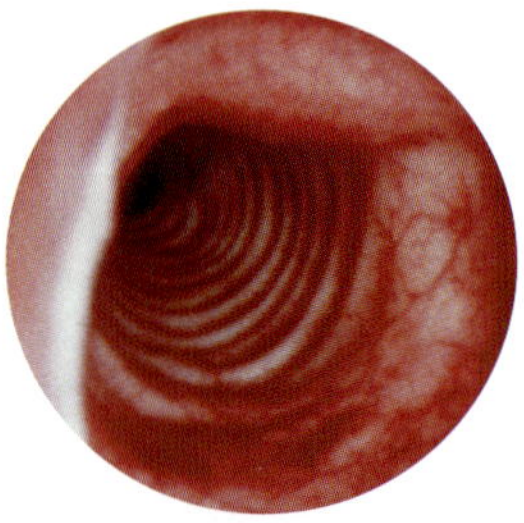

Adentro y afuera

El aire va a los pulmones por la **tráquea**, un tubo que está en el cuello. La tráquea se divide en ramas cada vez más pequeñas que forman un "árbol" de vías respiratorias que se extienden por los pulmones.

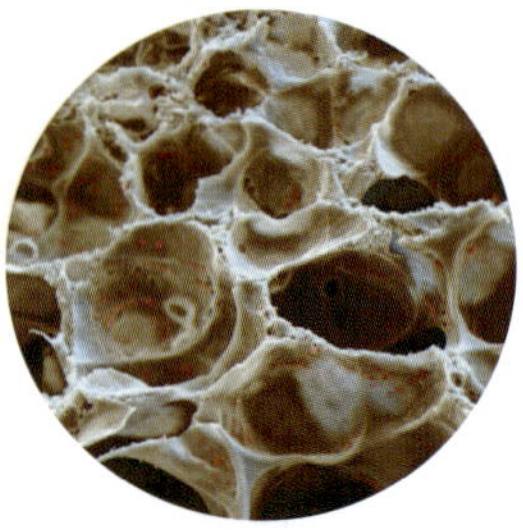

Sacos alveolares

Las vías respiratorias terminan en unos sacos diminutos, los **alvéolos**. Por ellos fluye la sangre, que capta el oxígeno y libera el dióxido de carbono. Los pulmones tienen unos 600 millones de alvéolos (extendidos cubrirían una pista de tenis).

Limpieza

El aire contiene suciedad y gérmenes, que el sistema respiratorio debe eliminar: para eso sirven la tos y el estornudo. Las vías respiratorias segregan una capa de **moco** pegajoso que atrapa la suciedad. El moco es conducido hacia la parte posterior de la garganta y después lo tragamos o lo expulsamos.

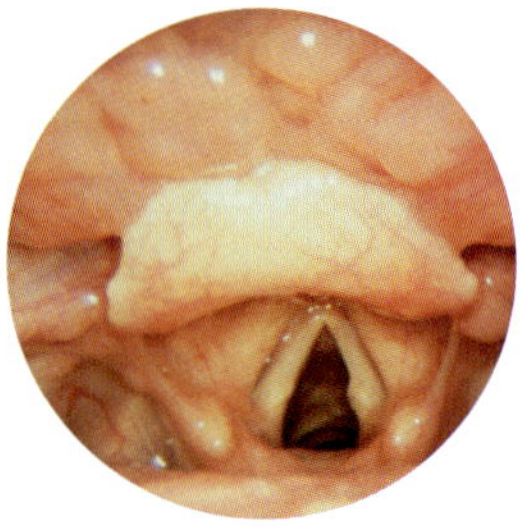

Hacer ruido

La voz procede de una cámara, la laringe, situada encima de la tráquea. Al espirar, el aire pasa entre dos pequeñas lengüetas de tejido; cuando estas se acercan, **vibran** y se produce el sonido. Cuanto más tensas estén, más alto será el tono.

Piel y pelo

Aproximadamente 2 m^2 de piel protegen el cuerpo de la suciedad, los gérmenes, el frío y las lesiones. Esta capa resistente e impermeable es nuestro mayor órgano de los sentidos: tiene receptores del tacto, el dolor y la temperatura. La capa más superficial de la piel se está descamando continuamente, de modo que se **renueva por completo** cada mes.

Toda la superficie del cuerpo está muerta

Tomar las huellas

Las prominencias onduladas de la piel de las yemas de los dedos sirven para agarrar las cosas. En ellas hay poros diminutos que segregan sudor y grasa para hacer más fácil esta tarea.

Eliminar la piel

La superficie de la piel consiste en escamas secas y resistentes de tejido muerto. Se descaman continuamente: cerca de **mil millones** al día. La mayor parte del polvo doméstico está formado por escamas de piel.

Los pelos

Gruesos pelos cubren la cabeza para mantener el cerebro templado. El resto del cuerpo tiene pelos finos (tantos como un chimpancé). Cada pelo cuenta con un **músculo diminuto** que hace que el pelo se ponga de punta cuando tienes frío.

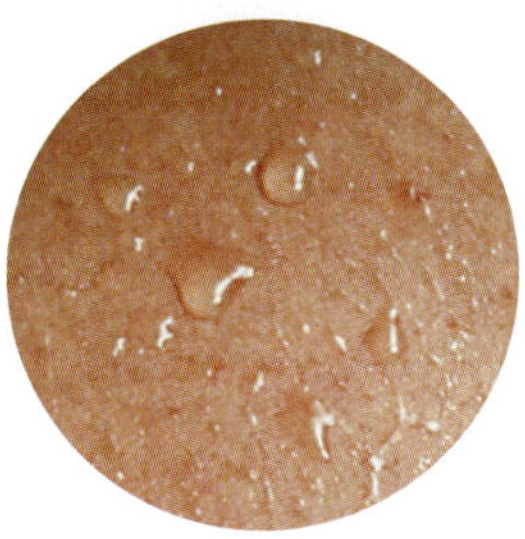

Sudor y olores

A diario se produce al menos 1/4 de litro de sudor. La piel produce dos tipos de sudor: ecrino (para enfriar el cuerpo) y apocrino (el sudor que huele). Las glándulas sudoríparas apocrinas se vuelven más activas durante la pubertad.

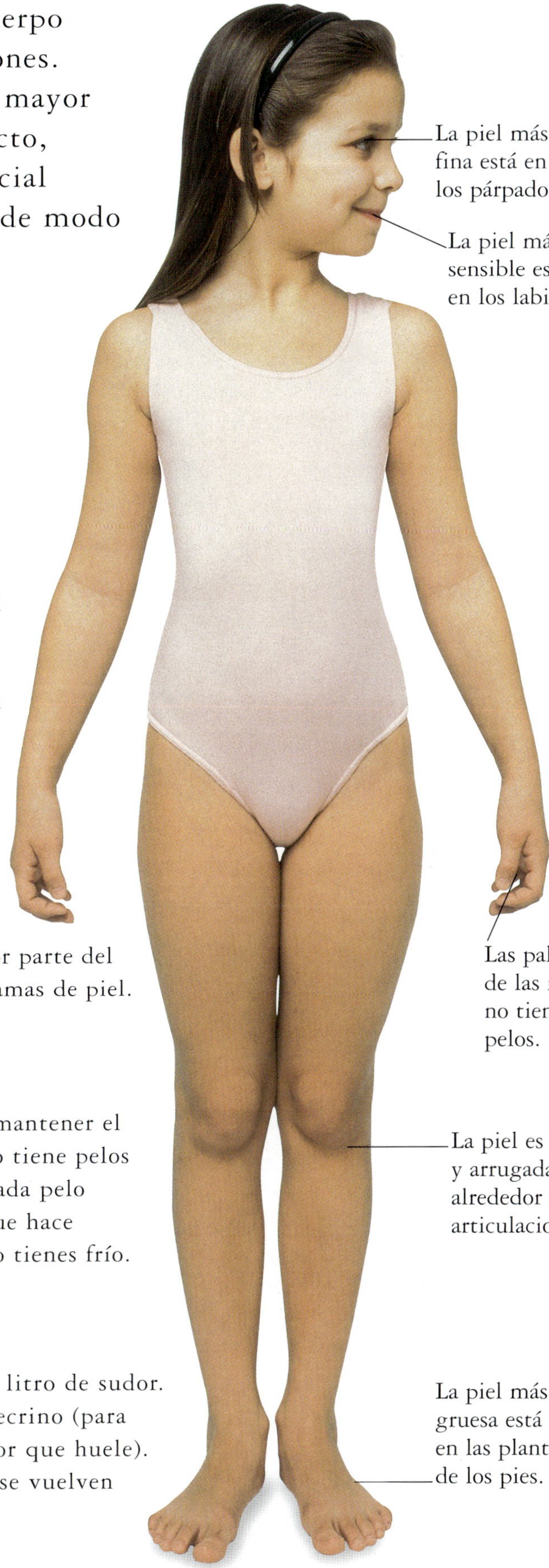

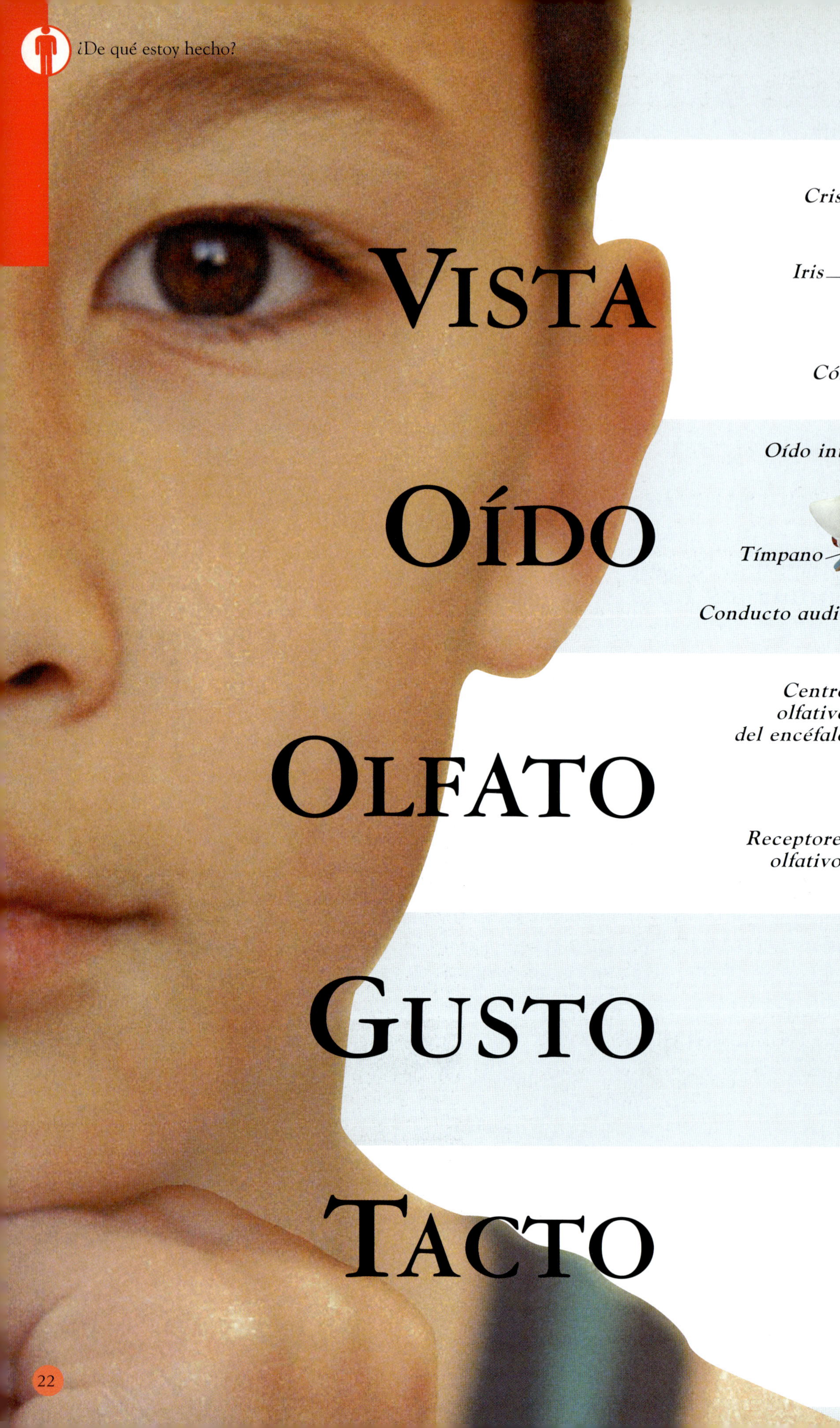

VISTA

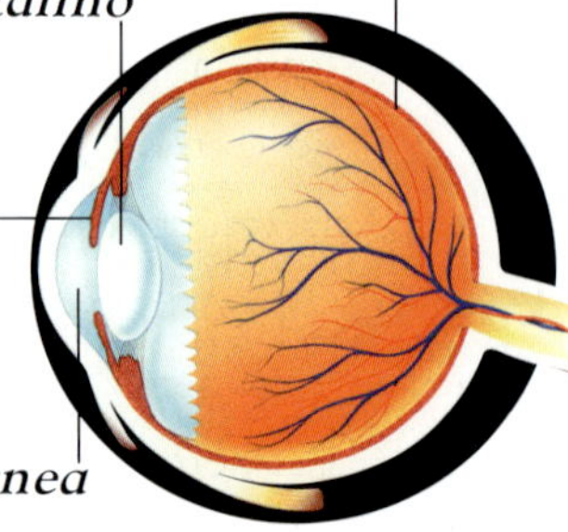

OÍDO

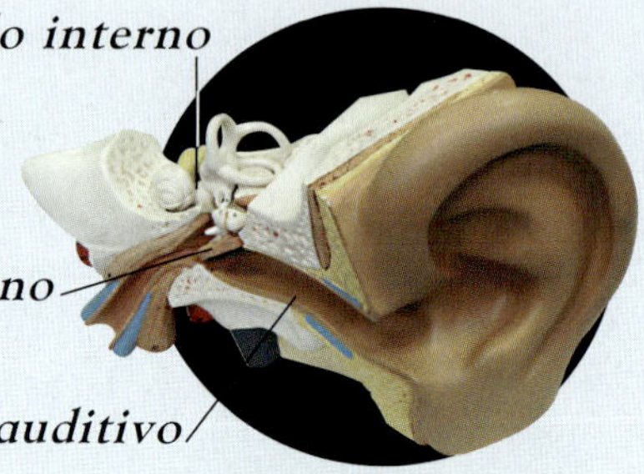

OLFATO

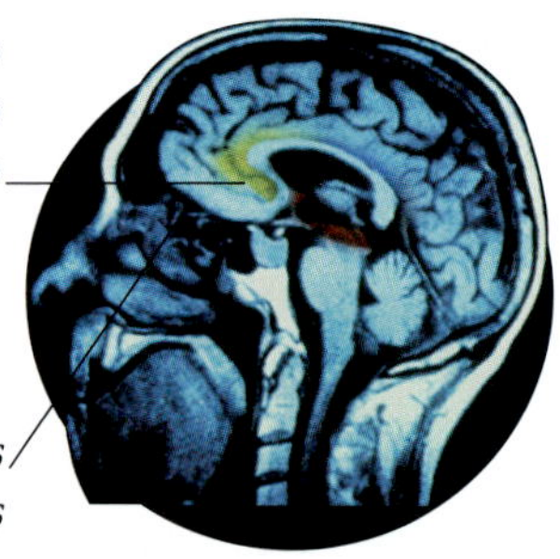

GUSTO

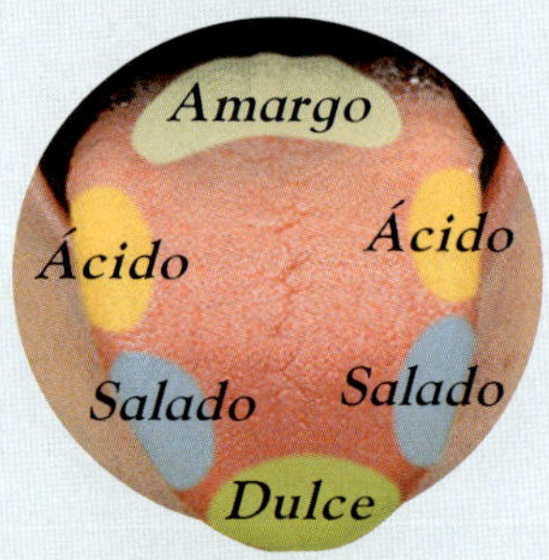

TACTO

Los cinco sentidos

LA VISTA es nuestro principal sentido. Podemos ver más colores y detalles que la mayoría de los animales, aunque nuestra visión en la oscuridad es muy pobre. El ojo es una esfera, llena de una especie de **gelatina** transparente, que funciona como una cámara fotográfica. La luz entra por la pupila y el cristalino la enfoca en la **retina,** una capa de células sensibles a la luz situada en la parte posterior del ojo. Estas células detectan el color y la intensidad de la luz y envían señales al cerebro, que forma la imagen.

EL OÍDO es la capacidad de percibir **vibraciones** invisibles del aire: el sonido. Las orejas canalizan el sonido y ayudan a percibir de dónde viene. El sonido para por un conducto estrecho al oído medio, donde una membrana y una serie de huesos diminutos transmiten las vibraciones del aire al líquido del oído interno. Las células nerviosas del oído interno mandan señales al encéfalo.

EL OLFATO es la capacidad de percibir las moléculas odoríferas que flotan en el aire. Este sentido es más importante de lo que parece. El sabor de una comida depende realmente del gusto y del olfato. Una persona normal puede reconocer 4.000 aromas diferentes y una persona con buen olfato hasta 10.000. En la parte alta de cada fosa nasal hay neuronas que detectan las moléculas odoríferas; al unirse estas a las neuronas se desencadena una señal nerviosa.

EL GUSTO permite detectar sustancias químicas simples en la boca. Al masticar la comida, estas sustancias se disuelven en la saliva y estimulan los botones gustativos, sobre todo los de la lengua. Los principales sabores (dulce, salado, amargo y ácido) se localizan en distintas zonas de la lengua. Los botones gustativos también detectan el **glutamato**, que potencia el sabor de la comida.

EL TACTO cuenta con diferentes tipos de receptores en toda la piel, que perciben presiones ligeras, presiones fuertes, los movimientos de los pelos y las vibraciones. Gracias al tacto podemos **explorar activamente** todo tipo de objetos con los dedos, los labios, la lengua. Sólo con el tacto podemos identificar las monedas del bolsillo sin necesidad de mirarlas.

¿TENGO UN SEXTO SENTIDO?

El cuerpo tiene bastante más de cinco sentidos. Estas son algunas de las cosas que tus sentidos especiales detectan:

Gravedad

En el oído interno hay receptores de la gravedad, los **otolitos**. Indican al cerebro qué está arriba y abajo, y ayudan a mantener el equilibrio.

Movimiento

El oído interno también tiene receptores que detectan el movimiento en cualquier dirección. Si das vueltas y más vueltas, dejan de funcionar bien y entonces te sientes mareado.

Calor

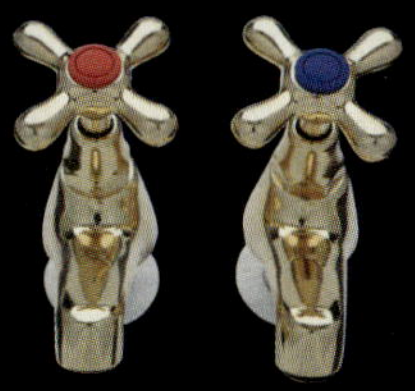

En la piel hay receptores que perciben el frío y el calor, incluso a distancia. Los labios y la lengua son las zonas más sensibles al calor. Pueden decir si una bebida está demasiado caliente sin tocarla siquiera.

Dolor

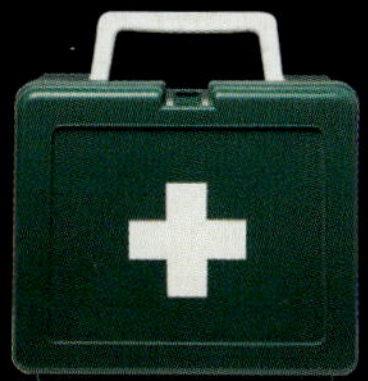

El dolor está desencadenado por las lesiones que sufre el cuerpo. Tiene un objetivo, porque así dejamos en reposo la zona dañada. El picor y el cosquilleo son una mezcla de tacto y dolor.

Músculos

Los músculos tienen **receptores de estiramiento** que informan al cerebro sobre lo que hace cada parte del cuerpo y permiten tener conciencia de todo el cuerpo. Sin ellos, no podríamos estar quietos, movernos o coger cosas.

¿Eres alérgico a...?

POLEN DE GRAMÍNEAS	POLVO DOMÉSTICO	HECES DE ÁCAROS	PELOS DE GATO	CACAHUETES	PROTEÍNAS DEL TRIGO	HECES DE CUCARACHA

¿LO SABES?

¿Por qué toso y estornudo?
Si los gérmenes llegan a la nariz o la boca, el cuerpo intenta librarse de ellos. La tos y los estornudos expulsan a los gérmenes de los pulmones y las vías respiratorias. Los vómitos y la diarrea eliminan los gérmenes que llegan al estómago o el intestino.

¿Por qué se inflaman las heridas?
Si los gérmenes se introducen bajo la piel, los leucocitos los encuentran pronto. Liberan histamina, que hace que llegue más sangre a esa zona, que entonces está **inflamada**: roja, hinchada, caliente y muy sensible al dolor. Esto no significa que la piel esté lesionada, sino que el sistema inmunitario cumple su función.

¿Qué hacen los anticuerpos?
Son moléculas que identifican y se unen a los gérmenes. Hay millones de anticuerpos de diferentes formas. Cuando uno encuentra un germen cuyas moléculas de superficie corresponden a su forma, se une a él y avisa a los leucocitos para que lo **ataquen**.

SISTEMA Inmunitario

Cuando estornudas, toses, vomitas o tienes un rasguño, una picadura, un corte, una inflamación, una erupción, un grano, un resfriado, náuseas, diarrea o fiebre, el **sistema inmunitario** está funcionando.

El sistema inmunitario nunca deja de buscar **gérmenes** e intenta aislarlos, destruirlos o expulsarlos del cuerpo. El dolor también forma parte de la reacción inmunitaria: te dice que **no toques** la zona dolorida.

Tu *sistema inmunitario* es uno

     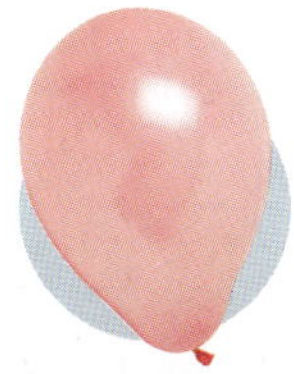 

PICADURA DE INSECTOS	ESPORAS DE HONGOS	MOLUSCOS	HIEDRA VENENOSA	PENICILINA	LÁTEX	DETERGENTE

¿Por qué soy alérgico?

El sistema inmunitario se enfrenta a miles de invasores, desde virus a gusanos de la carne. Con tanto trabajo, puede **cometer errores**. A veces ataca sustancias dañinas (alergenos) creyendo que son gérmenes, y esto produce **alergias** y **asma**. Es más probable sufrir alergias si se vive en una casa muy limpia, donde el sistema inmunitaro no tiene mucha práctica en atacar a los gérmenes reales.

Los síntomas alérgicos dependen del lugar donde el alergeno contacte con el cuerpo.

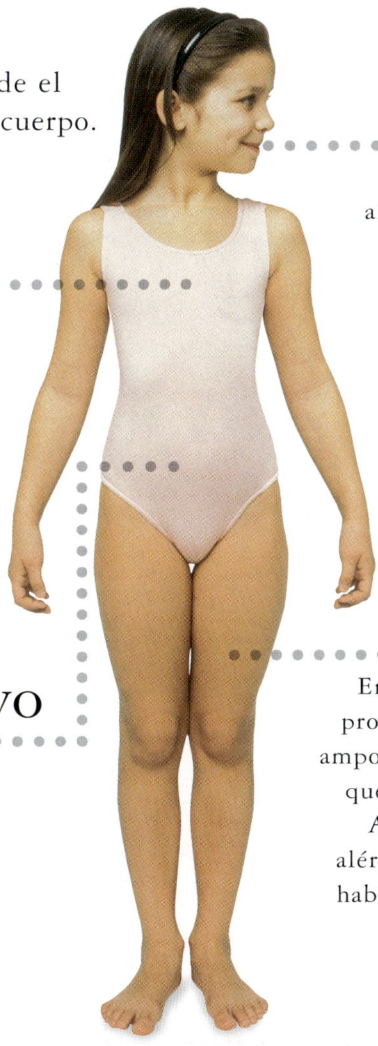

Vías respiratorias

Si respiras alergenos como el polvo o el polen, puedes tener estornudos, tos y dificultad respiratoria.

Tubo digestivo

Si tragas alergenos, el tubo digestivo reacciona como si fueran gérmenes e intenta expulsar la comida. Esto puede producir dolor de estómago, retortijones, vómitos o diarrea.

Boca

Las alergias alimentarias pueden hacer que sientas hormigueo en la boca y que los labios y la lengua se hinchen.

Piel

En la piel se pueden producir erupciones o ampollas si se toca algo que produzca alergia. Algunas erupciones alérgicas son como los habones que producen las ortigas.

¿LO SABES?

¿Por qué no me destruyo?

El sistema inmunitario atacaría las propias células si no tuvieran una especie de etiqueta molecular. Esta etiqueta está formada por un grupo de proteínas, el complejo principal de histocompatibilidad (CPH), que es **totalmente único** para cada persona.

Inmunidad y reproducción

Los gérmenes se desarrollan y cambian. Así, llegan a engañar al sistema inmunitario, imitando nuestras proteínas del CPH. Una de las razones por las que nos reproducimos sexualmente es para burlar a estos gérmenes. Así, cada persona tiene diferentes proteínas del CPH y está más protegida.

¿Se huele el amor verdadero?

Algunos científicos creen que elegimos instintivamente a las personas que darán a nuestros hijos proteínas CPH variadas (así su sistema inmunitario será más fuerte). Esto se hace a través del **olfato**. La gente suele preferir el olor corporal de una persona con genes CPH muy diferentes a los suyos.

de los elementos más individuales

¿POR QUÉ SOY ÚNICO?

“Aunque todos hemos sido creados según el mismo plano, también somos completamente distintos unos de otros. Hay miles de cosas que te diferencian de cualquier persona, desde tu gusto por la música y tu sentido del humor al sonido de tu voz y la forma de tu cara.

¿Qué es lo que te hace ser único?

Parte de la respuesta se encuentra en tus genes. Tus padres deberían tener

1.000.000.000.000.000

de hijos para que alguno tuviera los mismos genes que tú. Y parte de la respuesta está en las experiencias que conforman tu personalidad a medida que vas creciendo.”

SÓLO TUYO

Imagina que alguien robara tu CARNÉ DE IDENTIDAD, se hiciera la cirugía plástica y luego **pretendiera pasarse por ti**. ¿Lo conseguiría? Afortunadamente, hay muchas formas de probar que tú eres el real.

HUELLAS DACTILARES

Los patrones de tus huellas digitales son únicos. Incluso los **gemelos idénticos** tienen huellas diferentes, aunque sean muy parecidas. Las huellas se mantienen iguales toda la vida; si te lesionas la piel, vuelven a crecer las mismas. Las huellas de la mano derecha y la izquierda pueden parecer imágenes en espejo, pero si observas bien verás que todas son únicas.

IRIS

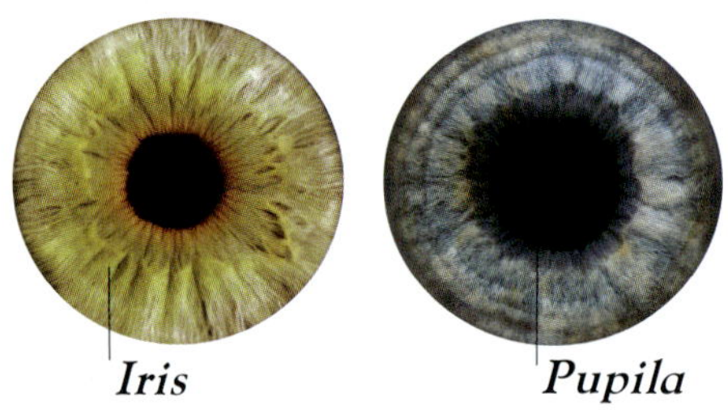

La parte coloreada del ojo es el iris, y es tan exclusivo como una huella dactilar. Cada iris tiene un diseño complicado de listas y hendiduras que un escáner puede leer para hacer un patrón como un código de barras (abajo). Sin embargo, no es un sistema perfecto: el iris cambia cuando enfermas y puedes esconder tu identidad si llevas lentillas.

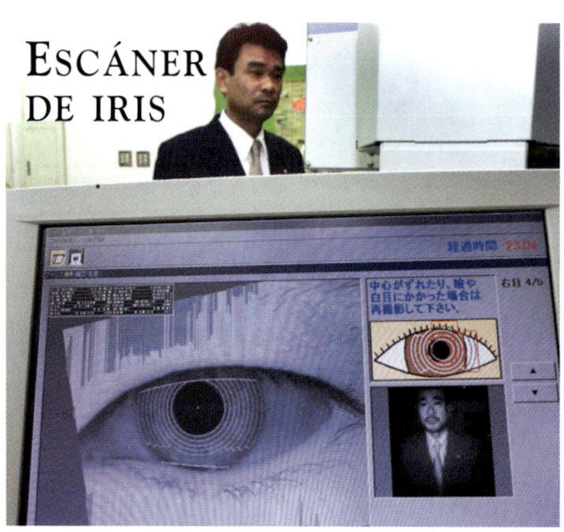

SISTEMA INMUNITARIO

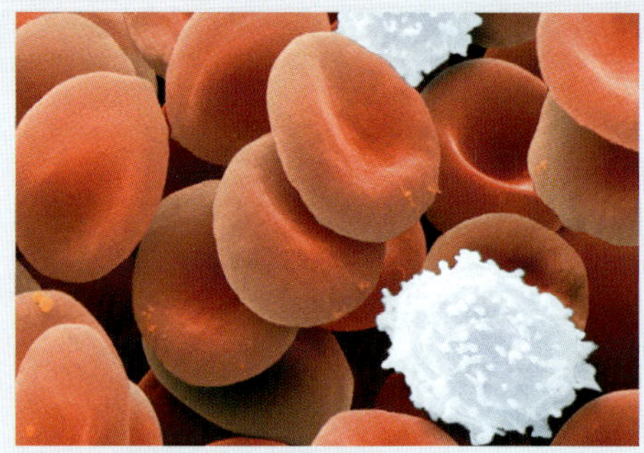

Los leucocitos pueden distinguir tus células de las de otras personas.

Tu sistema inmunitario puede distinguir tus células de las de otros. Si entran en el cuerpo células extrañas (como los gérmenes), los leucocitos los descubren y destruyen. Pero el sistema inmunitario también hace que el cuerpo intente **rechazar** los órganos trasplantados de otra persona. Los trasplantes de órganos que mejor funcionan son los de parientes cercanos y aún mejor los de gemelos idénticos: entonces el sistema inmunitario no puede distinguir las células y no las rechaza.

¿Cómo probarías que tú eres el *tú* real?

Todas se basan en que cada persona es **biológicamente única**. Algunas son tan eficaces que la policía puede usarlas para atrapar criminales a partir de las claves minúsculas que dejan en la escena del crimen.

ADN

Una forma excelente de probar que eres tú es tomar una **huella de ADN**. Esto se hace rompiendo una muestra de tu ADN en fragmentos y luego dejando que se distribuyan en una capa de gel para formar una serie de bandas. La policía usa las huellas de ADN para descubrir la identidad de una persona a partir de la sangre, el pelo y otros tejidos que se encuentren en la escena del crimen. La posibilidad de que dos personas tengan el mismo ADN es de 1 en 5.000 trillones, según algunos autores.

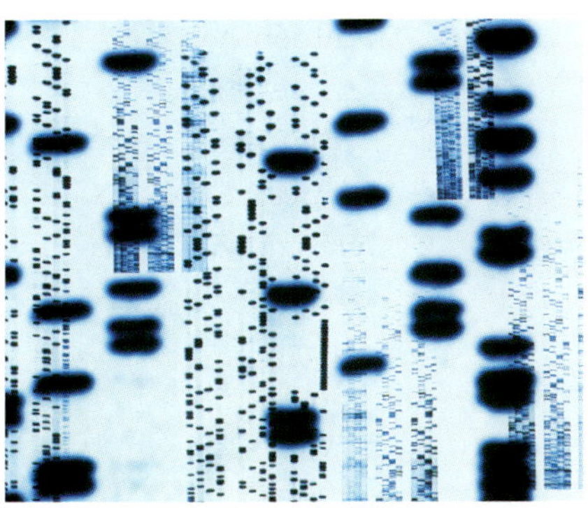

Se usan patrones de bandas de ADN como este para determinar huellas de ADN únicas o descubrir a tus parientes.

Voz

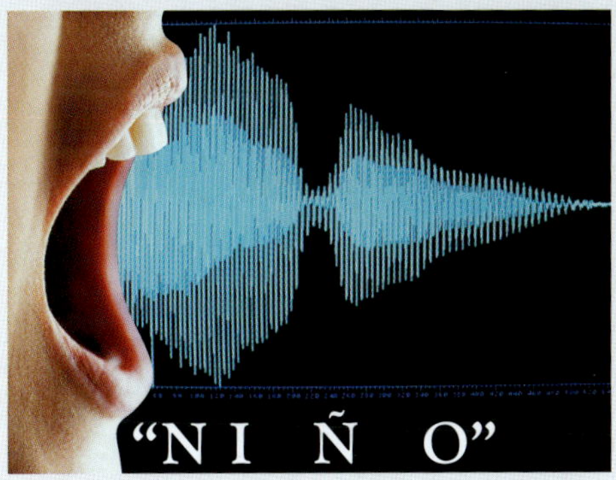

Aunque la voz cambia con el estado de ánimo, las palabras que usas y la edad, hay ciertos tonos que **siguen siendo distintivos** durante toda la vida. Un analizador de la voz puede reconocer con exactitud estos sonidos, incluso por teléfono. Algunos bancos grandes usan estos aparatos para comprobar la identidad del personal.

Los analizadores de voz convierten la voz en un patrón de líneas en un ordenador.

Firma

Cada persona tiene una **letra** distintiva. Los grafólogos son capaces de decir qué tipo de personalidad tiene alguien estudiando su letra.
La forma tradicional de indicar la identidad es la firma.
Se escribe rápidamente, exagerando el estilo de letra, de forma que hace más difícil falsificar la firma.
Pero las firmas no son una forma infalible de probar la identidad, porque generalmente se valoran sólo por la vista.

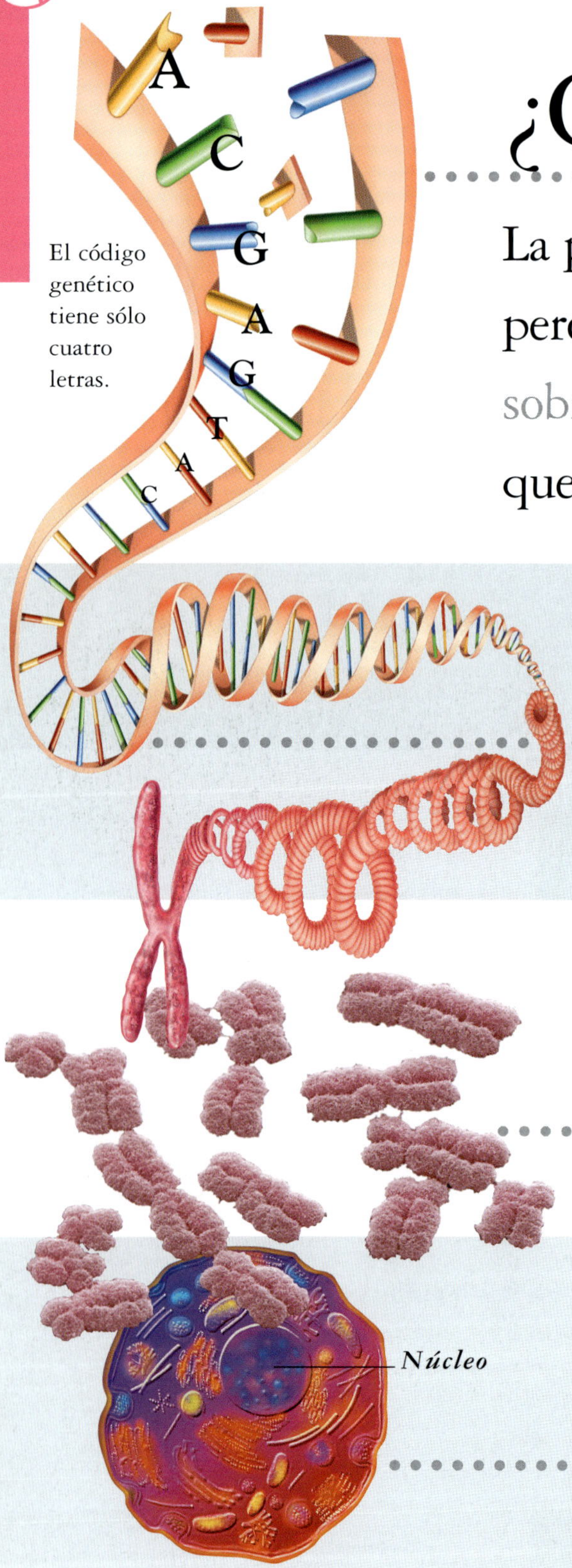

El código genético tiene sólo cuatro letras.

¿Qué es un GEN?

La palabra gen tiene varios significados, pero en esencia un gen es una instrucción sobre cómo debe funcionar el cuerpo, que se almacena como un código en el ADN.

ADN

Ácido desoxirribonucleico

CROMOSOMAS

CÉLULAS

Compartes el 99% de los genes con el chimpancé, el 85% con el ratón y el 50% con el plátano.

Un gen es...

- un segmento de DNA • un código para hacer una proteína
- una instrucción que dice a las células qué hacer
- un controlador que activa o desactiva a otros genes
- algo que se hereda de los padres: una unidad de herencia

EL ADN PORTA GENES. El ADN es una molécula muy larga y ultrafina. Tiene forma de **escalera de caracol**, cuyos peldaños forman un código simple con sólo cuatro letras: A, C, G y T (las iniciales de las sustancias que componen los peldaños). Un gen es un segmento de ADN que contiene una **secuencia de letras** particular. En la mayoría de los genes, la secuencia de letras es un código para la secuencia de diferentes unidades (aminoácidos) de una molécula proteica. Los genes llevan el código de muchos miles de proteínas diferentes.

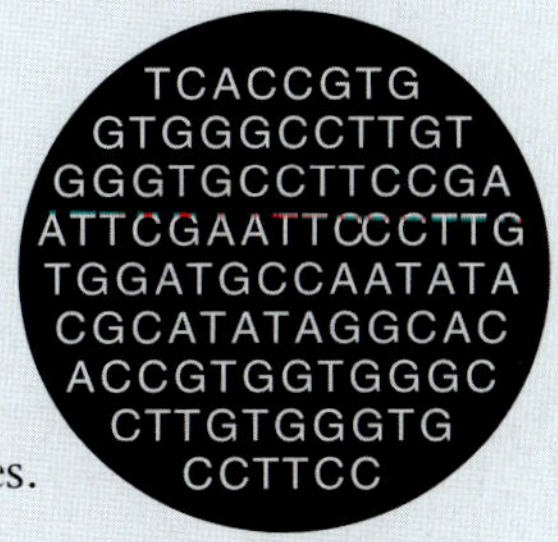

LOS CROMOSOMAS PORTAN ADN. El ADN se encuentra en un espacio **diminuto,** "envasado" de un modo ingenioso. Cada molécula de ADN se retuerce para formar una hebra, esta se retuerce también y así sucesivamente (como las fibras delgadas que forman una cuerda). El resultado final es una estructura gruesa en forma de X, el **cromosoma**. Los cromosomas no se ven a simple vista: hacen falta unos 100.000 para que formen un punto visible. Pese a ello, cada cromosoma contiene nada menos que 2 metros de ADN.

LAS CÉLULAS TIENEN CROMOSOMAS. Cada célula del cuerpo (con algunas excepciones) contiene un grupo de 46 cromosomas que se almacenan juntos dentro del núcleo celular. El conjunto de 46 cromosomas contiene **todos tus genes**, de modo que en cada célula tienes un grupo completo de genes, una **cantidad imponente** de ADN. Si desenredaras todo el ADN de todos los cromosomas de todas las células de tu cuerpo y pusieras una molécula detrás de otra, darían la vuelta al sol **¡400 veces!** Por otra parte, toda la información de tus genes se puede guardar en un **solo CD**.

TODO TU ADN = TU GENOMA. El ADN de un grupo de cromosomas forma tu **genoma**. En el genoma humano hay unos 30.000 genes funcionantes: el resto del ADN es principalmente **basura**. El genoma humano es muy similar al de otras especies, ¡incluso los plátanos! Esto ocurre porque todos los organismos comparten los mismos parientes lejanos y la mayoría de nuestros genes se ocupan de los elementos que hacen que las células funcionen. La **evolución** sólo tiene que retocar unos cuantos genes para lograr una gran diferencia en la forma y función de los organismos.

¿De dónde vienen mis GENES?

Tus genes vienen de tus padres, los de ellos, de sus padres y así sucesivamente hasta llegar al primer ser vivo que existió. Los genes pasan de generación en generación y por eso es probable que te parezcas algo a tus padres. Las características físicas, como las **pestañas largas, el pelo pelirrojo, las pecas y los ojos azules**, aparecen en las familias porque están controladas por los genes.

La mitad de tus genes vienen de tu madre y la mitad de tu padre.

46 CROMOSOMAS

MAMÁ

Pasan a ti en los **cromosomas** del espermatozoide y del óvulo. Estas células sólo tienen 23 cromosomas cada una: la mitad de lo habitual. Cuando se unen y forman un embrión, crean una nueva persona con un conjunto completo de 46 cromosomas.

46 CROMOSOMAS

PAPÁ

23 PASAN A TI

46 CROMOSOMAS

TÚ

PASAN A TI 23

En realidad tienes **dos grupos** de genes: uno de tu madre y otro de tu padre. Estos dos **genomas** te dan una mezcla de las características de tu padre y tu madre: por ejemplo, quizá tengas el pelo de tu madre y los ojos de tu padre.

En una familia, cada hijo es diferente porque los genes de los padres se **mezclan** y luego se dividen en dos antes de formar cada espermatozoide y cada óvulo. Cada niño tiene un conjunto único de genes (excepto los gemelos idénticos).

El genoma es un **mosaico** de genes de todos tus **abuelos**

¿Qué es un gen dominante?

Como tienes dos grupos de genes, tienes **dos opciones** para todo. Por ejemplo, heredas de tus dos padres los genes que determinan el color de los ojos, pero puedes recibir un gen para los ojos marrones de tu madre y uno para los ojos azules de tu padre. A veces una opción predomina sobre la otra: es el gen dominante. El gen de los ojos marrones suele ser dominante sobre el gen de los ojos azules.

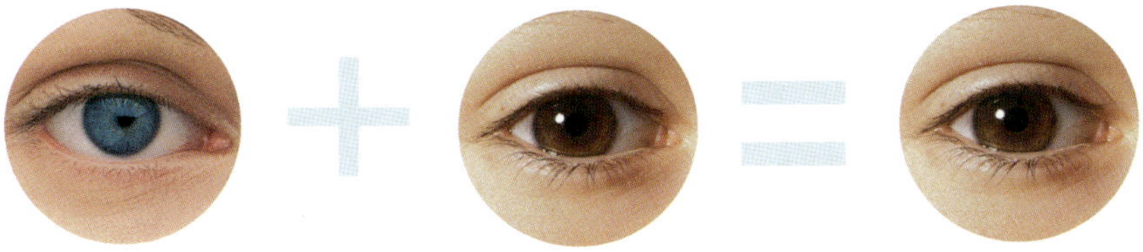

Si uno de tus padres tiene los ojos azules.. ... y el otro ojos marrones... ... *probablemente* tendrás ojos marrones.

Los genes **recesivos** se ven superados por los genes dominantes. Para que un gen recesivo tenga efecto, necesitarás dos copias, una de cada uno de tus padres. **Estira el pulgar** como en la foto. Si puedes doblar la punta hacia atrás tienes un "pulgar de autoestopista", que se debe a dos genes recesivos, uno de cada padre. Características como estas a menudo saltan una generación: aparecen en los abuelos pero no en los padres.

¿Por qué soy un niño o una niña?

Dos de los 46 cromosomas son especiales: determinan el sexo. Estos **cromosomas sexuales** tienen una forma parecida a las letras **X** e **Y**. Si tienes dos X eres una niña (generalmente), y si tienes una X y una Y eres un niño. En los niños, todos los genes del cromosoma X tienen efecto, sean o no dominantes, porque no existe otro cromosoma X que lo complemente. Esto hace que los niños sean más propensos a los defectos genéticos, como la ceguera a los colores.

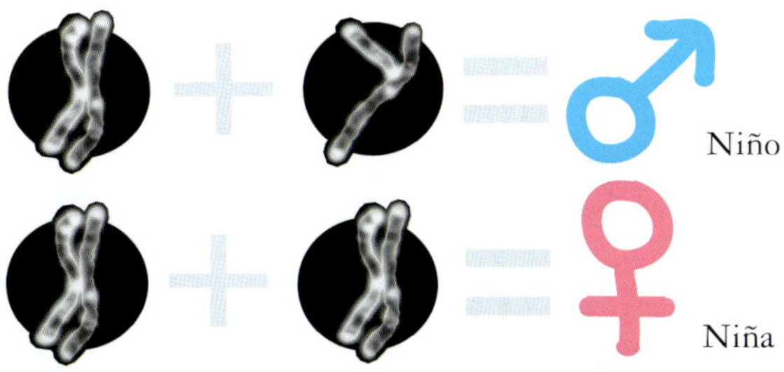

¿Hay un gen para cada cosa?

Algunos genes tienen un efecto muy simple y obvio. Un solo gen puede hacer que seas ciego para los colores o pelirrojo, por ejemplo. Así que se puede pensar que hay un gen para cada una de las características, desde la forma de la cara hasta la longitud de las piernas. Sin embargo, en realidad no es tan sencillo. Muchas de tus características, quizá la mayoría, implican que muchos genes trabajen en equipo. La altura, la belleza, la textura de la piel, el sonido de tu voz, el color de tu pelo y otras características probablemente dependan de la combinación de genes que tengas.

El asunto se complica aún más cuando se refiere a genes que afectan al encéfalo. Es cierto que los genes pueden influir en tu inteligencia, tu audacia o tu creatividad. Pero no **determinan** tu personalidad, sólo **influyen** en cómo podría desarrollarse. Y eso hacen también otros muchos factores, como tus amigos, las decisiones que tomes en la vida y la suerte.

¿Por qué no tolero la leche?

Si no te gusta la leche, no eres el único. La mayoría de la gente del mundo tiene **intolerancia a la lactosa**: la leche les produce dolor de estómago, indigestión y malestar. La causa es un **gen recesivo.** La mayoría de las personas asiáticas y afrocaribeñas tienen este gen, aunque en el norte de Europa esto no es habitual. Los científicos piensan que en los europeos se desarrolló un gen diferente cuando comenzaron a criar ganado y a beber la leche de vaca, hace miles de años.

ANALIZA TUS GENES

1

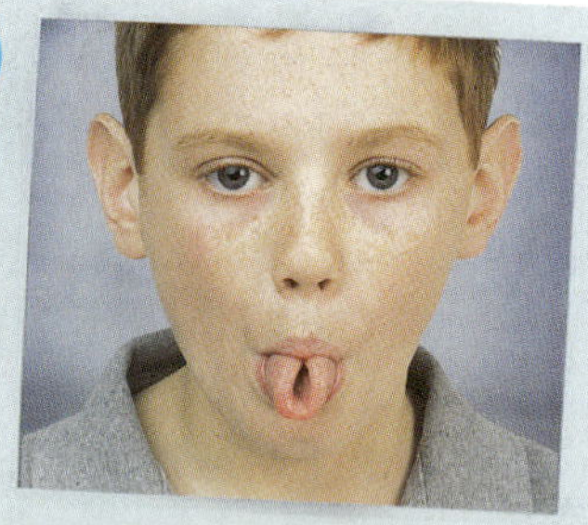

LENGUA EN U

¿Puedes doblar la lengua en forma de U? (No hagas trampa apretando los labios).

2

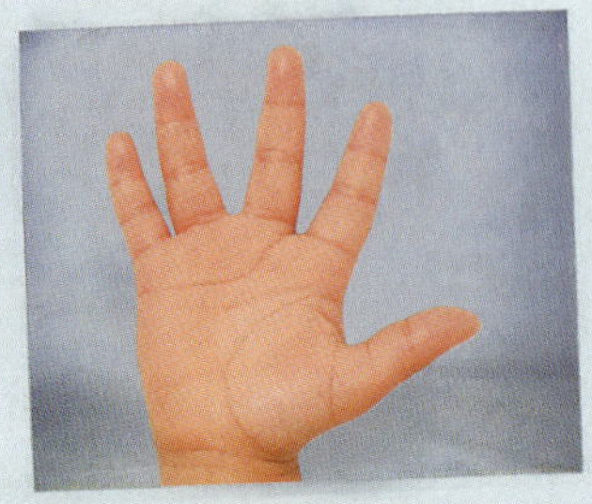

MEÑIQUE TORCIDO

Si la yema de tu meñique se dobla hacia el anular tienes un "meñique torcido".

3

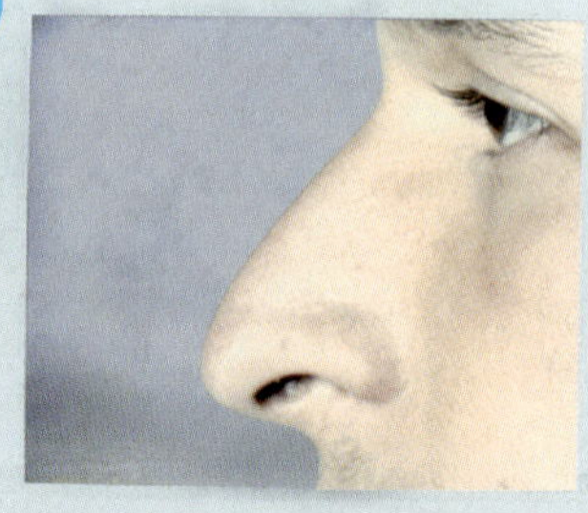

NARIZ AGUILEÑA

Es la nariz cuyo perfil se curva hacia fuera en lugar de hacia dentro.

5

MENTÓN HENDIDO

Se llama así a la barbilla que tiene un surco en la parte inferior. Se debe a un gen dominante.

6

PICO DE VIUDA

Es un patrón en forma de V que aparece en la frente y que se ve al peinar el pelo hacia atrás.

7

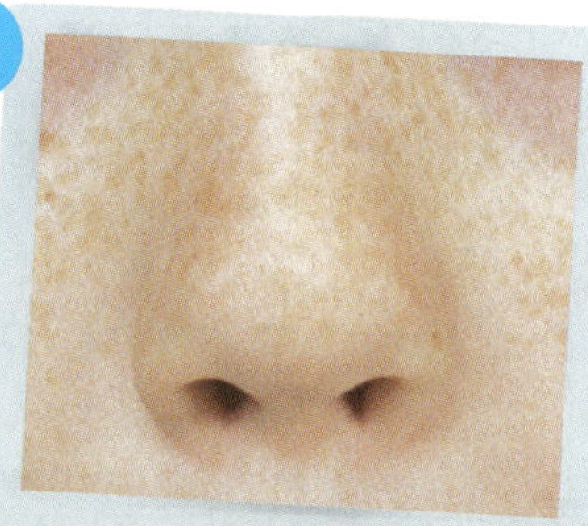

PECAS

Son manchas de color oscuro en la piel. Son más pronunciadas cuando estás moreno.

9

HOYUELOS

Es un hoyito pequeño que aparece en una mejilla o las dos al sonreír.

10

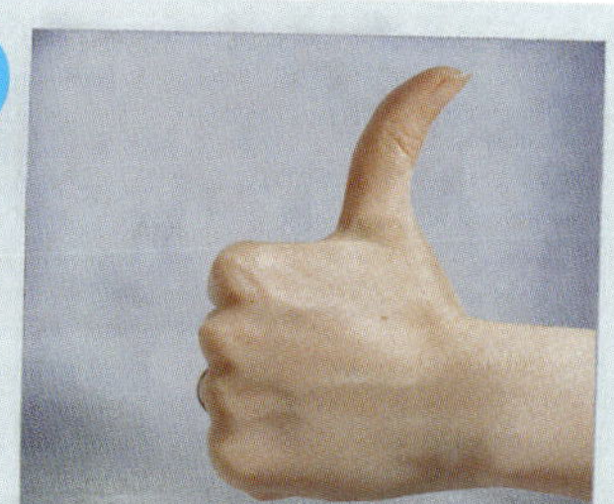

PULGAR DE AUTOESTOPISTA

Si tu pulgar se dobla hacia atrás más de 30° tienes un pulgar de autoestopista. Se debe a un gen recesivo.

11

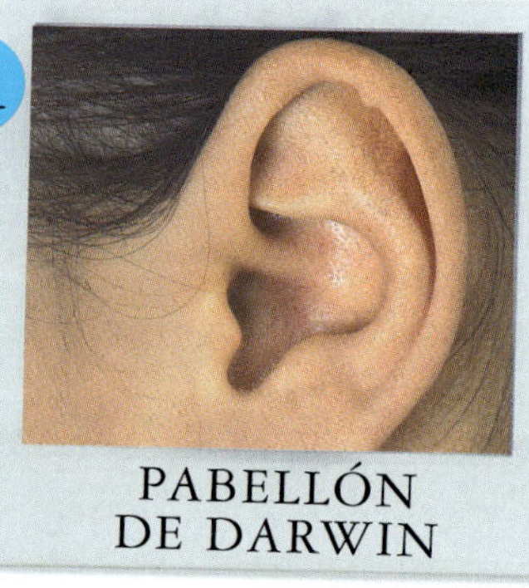

PABELLÓN DE DARWIN

Siente el pliegue exterior de la oreja y observa si hay una pequeña bola de piel.

Haz el test de los genes. La mayoría de estas características están causadas por un solo gen dominante.

4

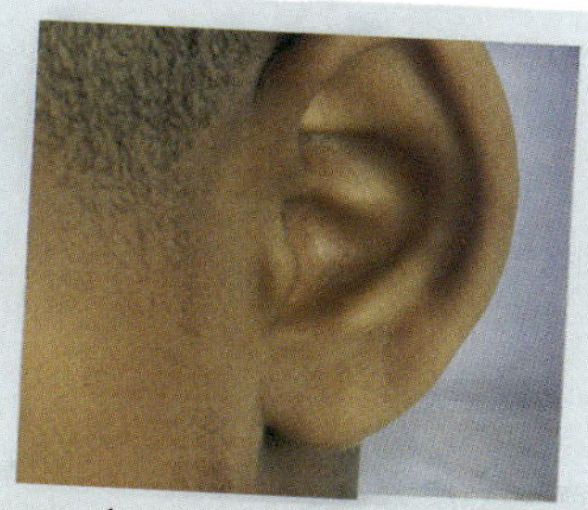

LÓBULO SUELTO

Si el lóbulo de la oreja está suelto, tienes un gen dominante; si no, tienes necesariamente un gen recesivo

8

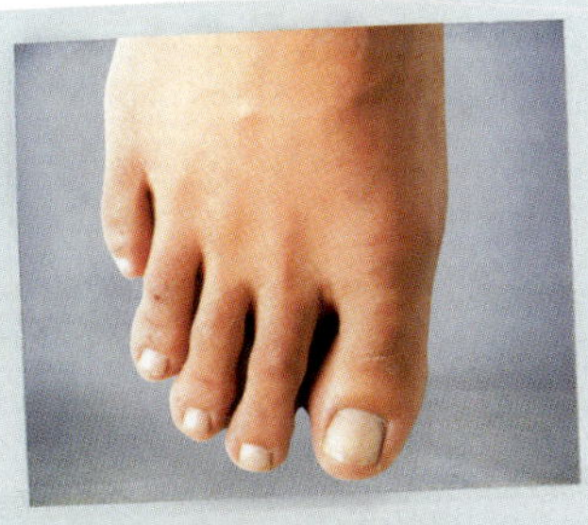

PELO DIGITAL

Un gen regula la presencia de pelos en la zona media de los dedos.

12

CRUCE DE MANOS

Cuando cruzas las manos, ¿qué pulgar está arriba? La forma en que lo haces se debe en parte a los genes.

¿QUÉ SIGNIFICA?

Se lo debes a tus padres

Todos tus genes proceden de tus padres: es probable que cualquier característica causada por un gen dominante aparezca en alguno de los dos. Si puedes doblar la lengua en forma de U, probablemente tu madre o tu padre también puedan hacerlo, y al menos uno de tus cuatro abuelos tendrá el rasgo dominante.

Detective del ADN

Con un poco de trabajo detectivesco puedes trazar el camino que han seguido los genes en tu familia haciendo un árbol genealógico. Reúne fotos de tus parientes y pégalas en una hoja de papel, con líneas que muestren quiénes están emparentados. Analiza en todos los genes de esta página y escribe los resultados bajo las fotos.

¿Tienes ceguera a los colores?

Si no puedes ver un número en este círculo de puntos coloreados puedes ser ciego a los colores.
Esa ceguera está causada por un **gen recesivo** que se halla en el cromosoma X. Las niñas que heredan el gen suelen tener visión normal, pero los niños se vuelven ciegos a los colores. Analiza este tipo de ceguera en tu familia.
Si alguno de tus hermanos la padece, es prácticamente seguro que el gen proceda de tu madre.

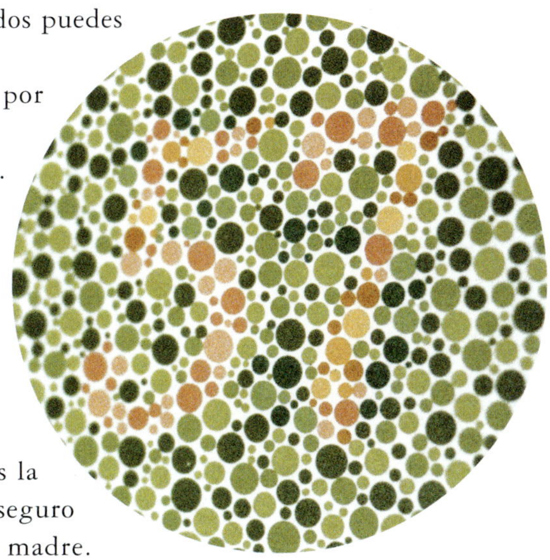

DOBLE

¿LO SABES?

¿Cómo se forman los gemelos?

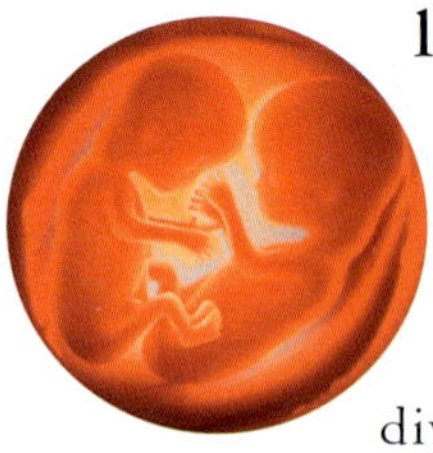

Los gemelos idénticos se forman cuando un embrión se divide y se desarrollan dos niños. Los gemelos no idénticos proceden de dos óvulos fertilizados por dos espermatozoides. Como los hermanos normales, sólo comparten la mitad de los genes, y lo único que los distingue es que se desarrollan al mismo tiempo en el útero.

¿Los **GEMELOS** son rea

Imagina cómo sería la vida si hubiera otra persona como tú. Esto les sucede en cierto modo a los gemelos idénticos. Para los científicos, los gemelos idénticos son como clones, porque tienen los **mismos genes**. Los gemelos nos dan una idea de en qué medida los genes pueden afectar la personalidad.

Jim y Jim

Los gemelos idénticos que crecen por separado suelen llegar a ser muy similares. Jim Springer se reunió por primera vez con su gemelo Jim Lewis en 1979, a los 40 años de edad. Sus voces eran idénticas y ambos tenían obesidad, hipertensión, migrañas y se mordían las uñas. Los dos tenían un perro llamado Toy. Eran muy buenos carpinteros y cada uno construyó un banco blanco alrededor de un árbol en el jardín.

¿QUÉ DICEN LOS ESTU

Ya que los gemelos idénticos tienen los mismos genes, cualquier diferencia entre ellos se debe al ambiente en el que crecen (o a la suerte). Estudiando los rasgos de personalidad de muchos gemelos (sobre todo gemelos que fueron adoptados al nacer y crecieron en distintas familias), se puede medir actualmente qué grado de variación de cada rasgo se debe a los genes. Dicho de otro modo, los estudios de los gemelos pueden ayudarnos a esclarecer los efectos de la **naturaleza** y la **educación**.

PROBLEMA

mente IDÉNTICOS?

Idénticos, sí, ¿pero cuánto?

La mayoría de los gemelos idénticos comparten el 100% de los genes, pero algunos sólo comparten el 75%. Se cree que estos gemelos **semiidénticos** se forman si un óvulo se divide *antes* de ser fecundado por dos espermatozoides diferentes. Si el óvulo se divide justo *después* de ser fecundado, se desarrollan gemelos idénticos, cada uno con su propia placenta. Si el embrión se divide 4-5 días después de la fecundación, los gemelos comparten una placenta y pueden convertirse en **gemelos en espejo**. Si un embrión se divide unas 2 semanas después de la fecundación, es posible que las células no se separen del todo y nazcan **siameses**.

¿LO SABES?

¿Qué son gemelos en espejo?

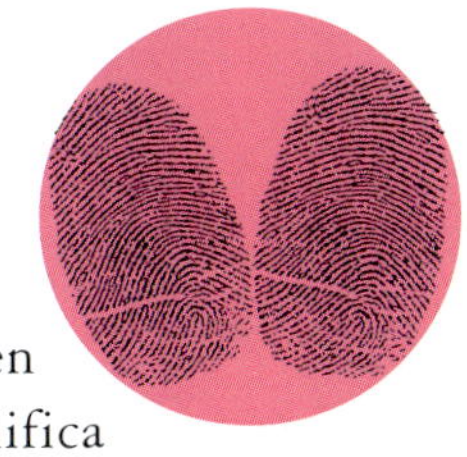

Una cuarta parte de los gemelos idénticos son también gemelos en espejo, lo que significa que en algunos aspectos cada uno parece la imagen especular del otro. Sus huellas digitales parecen casi reflejos, y pueden tener el mismo patrón de lunares o manchas de nacimiento, pero en lugares opuestos de sus cuerpos.

DIOS DE LOS GEMELOS?

LOS RESULTADOS

Los estudios de los gemelos revelan que los genes influyen mucho en...

- tu aspecto
- la necesidad de llevar gafas
- la tendencia a engordar
- los problemas médicos que puedas tener
- los aspectos principales de tu personalidad (mira la p. 68)
- la fuerza de tus creencias (pero no las creencias)
- tu expectativa de vida
- tu coeficiente intelectual

Pero los genes influyen menos en...

- si eres diestro o zurdo
- tu comida preferida
- tu sentido del humor

¿Qué son los siameses?

Los siameses son gemelos idénticos que no se han separado por completo y nacen con los cuerpos unidos. A veces sólo los une una pequeña zona de piel y músculo, y los médicos pueden separarlos fácilmente. En otros casos, comparten órganos vitales, como el encéfalo o la médula espinal, y eso hace que separarlos sea muy difícil y peligroso.

¿Cómo me DESARROLLÉ?

Tus genes controlan el maravilloso proceso del **desarrollo** por el que una simple célula se convirtió en un cuerpo con 100 billones de células. Desde el principio, el **entorno** también influyó para hacer de ti una persona única. Y sigue influyendo en tu vida a medida que tu cerebro sigue aprendiendo y cambiando.

¿Cómo comenzó todo?

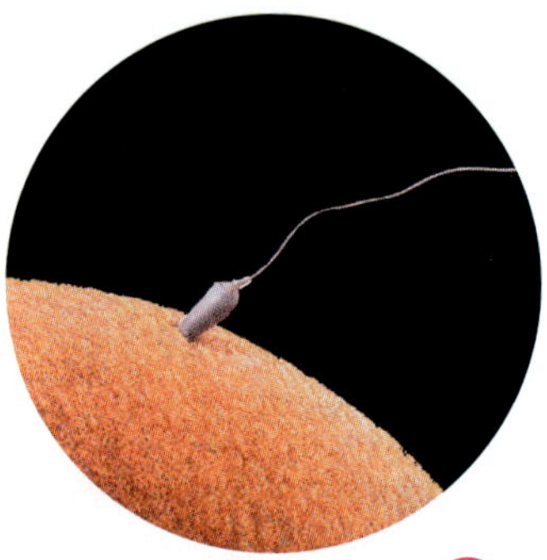

tamaño real (*mira de cerca*)

DÍA 1

La primera media hora de tu vida eres una célula única con un tamaño menor de una centésima de milímetro. Esta célula, llamada **embrión**, se forma cuando un espermatozoide de tu padre se une a un óvulo de tu madre. Los genes de tu padre y tu madre se unen en el núcleo celular y te dan un genoma único.

¿Crecí muy rápido?

tamaño real

3 DÍAS

En los primeros días no creces mucho. Lo que haces es dividirte. La célula única se divide en 2, luego en 4, luego en 8 y así sucesivamente, doblando el número en cada división. En una semana hay cientos de células y en la siguiente quincena el cuerpo comienza a tomar forma lentamente. A las tres semanas, has crecido hasta alcanzar el tamaño de un **grano de arroz**.

¿Cuándo aparecieron mis ojos?

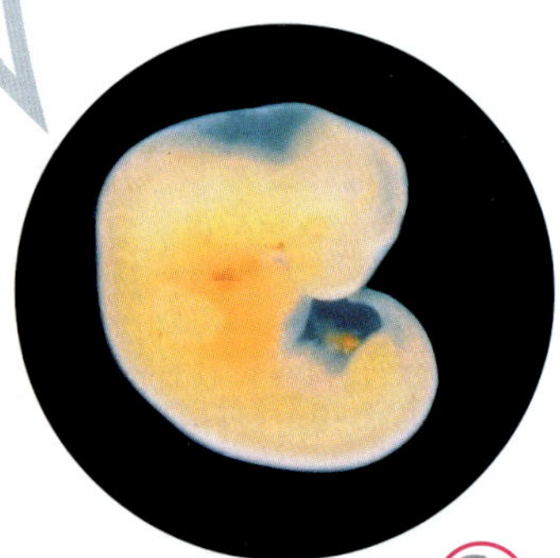

tamaño real

4 SEMANAS

A las 4 semanas pareces un **renacuajo** y tienes una cola. La cabeza crece de forma muy rápida y ocupa casi la mitad de tu cuerpo. Comienzan a formarse los brazos a partir de unas yemas y unas manchas oscuras señalan lo que serán tus ojos. Si tu madre está mal nutrida en esta fase, es más probable que seas obeso en la edad adulta.

¿Cuándo se formaron mis huellas digitales?

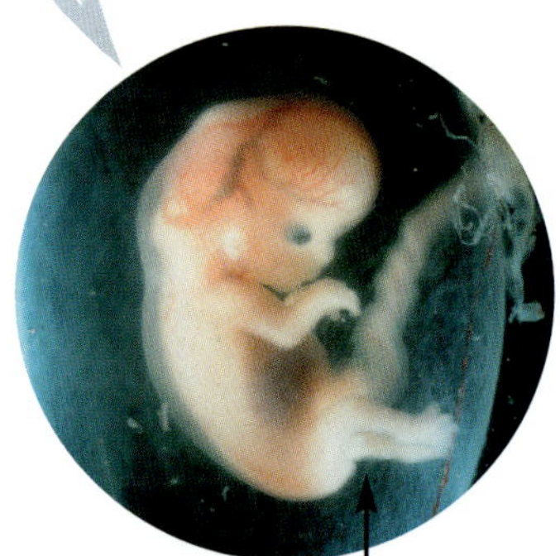

tamaño real

8 SEMANAS

A las 8 semanas, eres un ser humano reconocible, pero en parte **transparente**. Se están formando tus ojos, tu nariz, tus labios e incluso tus dientes, y tu corazón empieza a latir. A las 12 semanas puedes mover los brazos y las piernas; se han formado tus huellas digitales; puedes tragar y orinar; y tu encéfalo funciona.

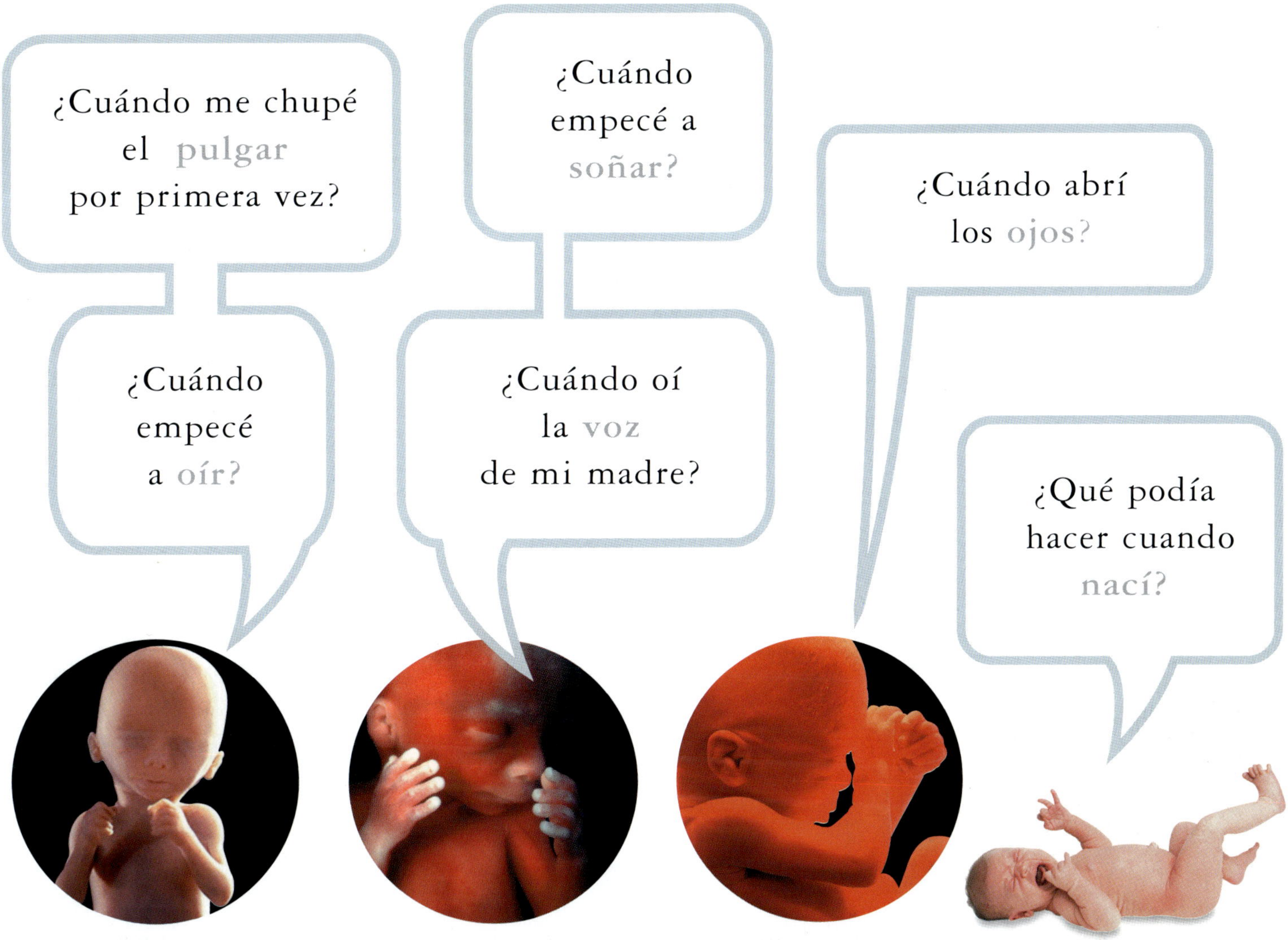

16 SEMANAS

Ahora tienes aproximadamente el tamaño de un **limón** y te has vuelto mucho más activo. Puedes apretar los puños, chuparte el pulgar, poner expresiones faciales y agarrar el cordón umbilical que te conecta a tu madre. Comienzas a **oír** los primeros sonidos, pero tus ojos aún no se han abierto.

20 SEMANAS

Tu nivel de actividad comienza a mostrarse en esta fase. Puedes dar muchas patadas y volteretas, por ejemplo. De ser así, es probable que también seas ruidoso y activo después de nacer. Puedes oír bien y los ruidos fuertes pueden hacerte saltar. Tu sentido del gusto se ha desarrollado y prefieres las cosas dulces. Todo tu cuerpo está cubierto por **pelo fino** que desaparecerá después.

24 SEMANAS

Entre las semanas 22 y 24 se abren tus ojos. No puedes ver mucho porque en el útero está oscuro, pero puedes percibir la luz del sol como un resplandor rosa. Ahora tu oído es tan bueno que puedes reconocer la **voz de tu madre**. Cuando duermes, pasas la mayor parte del tiempo soñando.

NACIMIENTO

Puedes respirar, mamar y tragar desde el momento en que naces. Puedes llorar, toser, estornudar y parpadear, y tu sentido del olfato y del oído son excelentes. Sin embargo, la visión no es muy buena: aunque puedes distinguir colores y las caras, sólo ves las cosas claramente si están muy cerca. Y, por supuesto, todavía no sabes qué es nada.

1-6 MESES

Al nacer, tu cerebro es una cuarta parte del cerebro de un adulto, y dobla su tamaño en 6 meses. La visión mejora rápido y es casi perfecta a los 6 meses. Te fascinan las caras y puedes imitar las **sonrisas** y el ceño funcido de tus padres desde el nacimiento. A las 6 semanas puedes sacar la lengua, a los 5 meses reconoces tu nombre y a los 6 meses puedes sentarte.

1 AÑO

Cada día, tu cerebro crea miles de millones de nuevas conexiones a medida que aprende a controlar el cuerpo y a comprender el mundo. El cerebro crece más rápido que el resto del cuerpo, y tu **cabeza es enorme** en relación al cuerpo. A los 12-18 meses comienzas a andar: al principio tu equilibrio es pobre y tu gran cabeza hace que peses demasiado en la parte superior y seas inestable.

18 MESES

Has practicado el lenguaje al menos desde el nacimiento, **farfullando** las vocales y consonantes que oyes a tu alrededor. A los 18 meses comprendes cientos de palabras y probablemente dices un montón. Empiezas a mostrar tu personalidad. Tus padres sabrán si eres tímido o sociable, ruidoso o silencioso, nervioso o tranquilo.

2 AÑOS

El tamaño de tu cerebro es 3/4 del tamaño de un adulto y aprendes más rápido que en cualquier momento de tu vida. Puedes decir unas 300 palabras y algunas frases, pero quizá sea difícil entenderte. Tu **sentido del yo** comienza a desarrollarse: puedes reconocerte en un espejo o una fotografía, y empiezas a usar palabras como "yo" o "mío".

3 AÑOS

Aprendes hasta 10 nuevas palabras al día y ya puedes conocer 1.500 de las 40.000 que aprenderás a lo largo de tu vida.
Tu cerebro comienza a almacenar **recuerdos** a largo plazo. Tu sentido del equilibrio es mejor y por eso eres menos patoso. En uno o dos años aprenderás a saltar, correr, saltar a la pata coja y atarte los cordones de los zapatos.

4 AÑOS

Tus **habilidades sociales** mejoran y te haces consciente de lo que otras personas piensan. Esto hace que seas mejor **mintiendo** y engañando a la gente. Las amistades se vuelven importantes y comienzas a ver a otros niños como individuos y juegas con ellos de forma cooperadora. Pero también eres muy imaginativo y puedes jugar solo.

5 AÑOS

Tu cerebro casi tiene el tamaño del cerebro de un adulto. Es probable que hayas empezado a ir al colegio y a aprender a leer. Tienes un archivo de recuerdos a largo plazo, incluidos momentos divertidos, como las vacaciones, la Navidad y tu primer día de colegio. Pero tus recuerdos sólo llegan a los 3 años.

6-10 AÑOS

En estos años, dominas **habilidades físicas** difíciles, como montar en bici, nadar, patinar. También tienes más habilidad con las manos, así que escribes y dibujas mejor. Tu sentido de la identidad crece. Empiezas a compararte con otros y a ser consciente de lo que se te da bien.

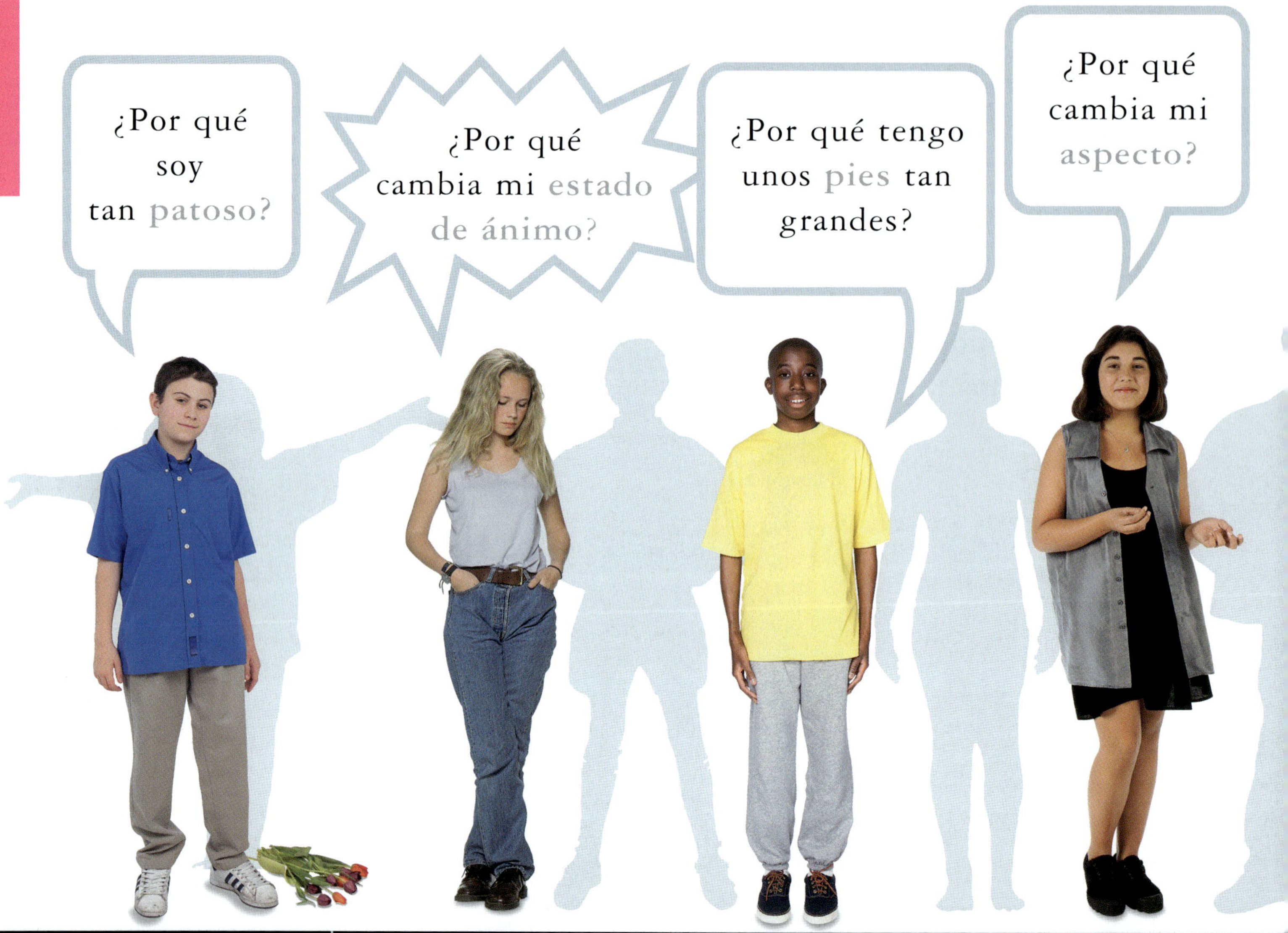

11-12 AÑOS

Estos años marcan el inicio de la **adolescencia**, el período en el que pasas de ser niño a adulto. El momento en que los órganos sexuales comienzan a funcionar se llama **pubertad**, y la edad a la que se produce cambia mucho de una persona a otra. La adolescencia es un período de grandes cambios, no sólo en el cuerpo, sino también en el cerebro y la mente.

NIÑAS 13-17 AÑOS

Los ovarios liberan **estrógenos**, las hormonas sexuales femeninas. Producen un estirón hacia los 11 años: las niñas de esa edad pueden ser más altas que los niños de la misma edad durante un par de años. Una vez que se tiene la primera regla, no se crece más de 6 cm. La pubertad suele ocurrir a los 11 ó 12 años, pero puede ser muy precoz (8 años) o tardía (16 años). Uno de los factores principales que afectan la aparición de la pubertad es el **peso**: las niñas empiezan a tener el período cuando llegan a pesar unos 45 kilos.

- Comienza a desarrollarse el pecho.
- Brazos y piernas se hacen más largos; el torso lo hace más adelante.
- Aparece la regla.
- Crece el vello púbico, y unos 2 años después de la primera regla crecen pelos en los brazos.
- Las caderas se ensanchan y siguen creciendo hasta los 17-18 años.
- Los cambios del estado de ánimo se deben en parte al cambio de las concentraciones de hormonas.
- Pasas menos tiempo con la familia y más con los amigos
- Estás más con los chicos.
- Te sientes más **tímida**.

NIÑOS 13-17 AÑOS

Los testículos liberan la hormona sexual masculina, la **testosterona**. Causa un estirón hacia los 13 años, haciendo que se crezca hasta 12 cm en un solo año. El crecimiento se produce de **la periferia al centro**: primero crecen manos y pies; luego, los brazos y las piernas; luego, el torso. Los huesos crecen más rápido que los músculos, de forma que el aspecto es desgarbado y el cerebro tiene que aprender de nuevo cómo equilibrar el cuerpo, por lo que puedes resultar patoso. En la pubertad empiezas a producir espermatozoides, lo que suele ocurrir a los 13 ó 14 años.

- Crece el vello púbico.
- Empiezas a producir espermatozoides.
- El aumento de la testosterona puede hacer que tengas granos (acné).
- Hasta 1/3 de los niños tienen mamas algo mayores poco antes de la pubertad.
- La voz se hace más grave, a menudo de repente.
- Unos 2 años después de que salga el vello púbico, aparece el pelo en la cara, las piernas, los brazos y las axilas.
- Se ensanchan el tórax y los hombros.
- Cambia la forma de la cara y la mandíbula se hace más cuadrada.
- Hasta los 20 años el cuerpo sigue aumentando el volumen muscular.

18+ AÑOS

A esta edad, tu cerebro y tu cuerpo dejan de cambiar tan rápido y te haces más consciente de ti mismo, independiente y más seguro en las relaciones sociales.

Tu personalidad seguirá cambiando durante toda tu vida, cuando tengas una carrera, relaciones y persigas lo que te interesa.

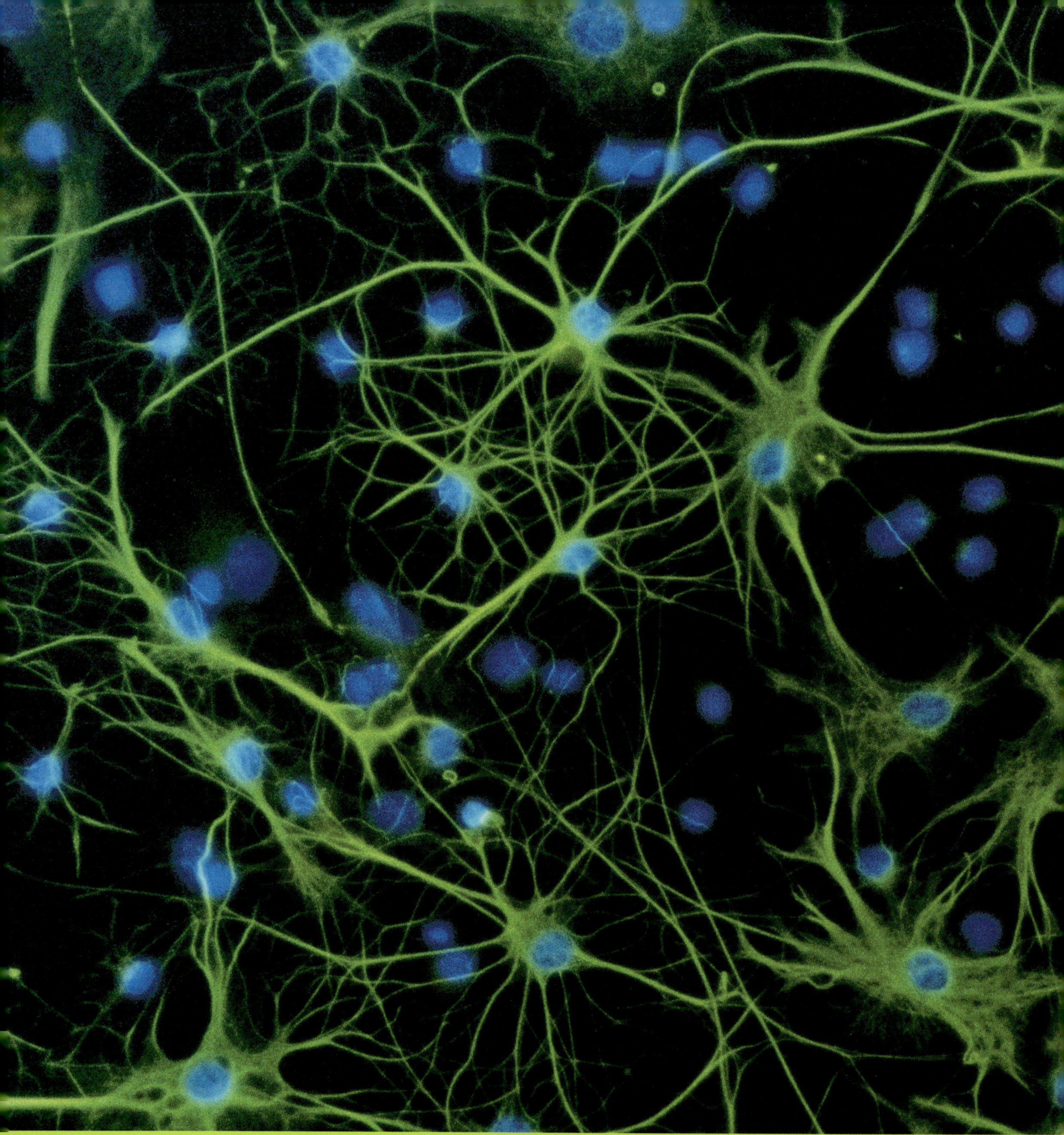

¿CÓMO FUNCIONA MI CEREBRO?

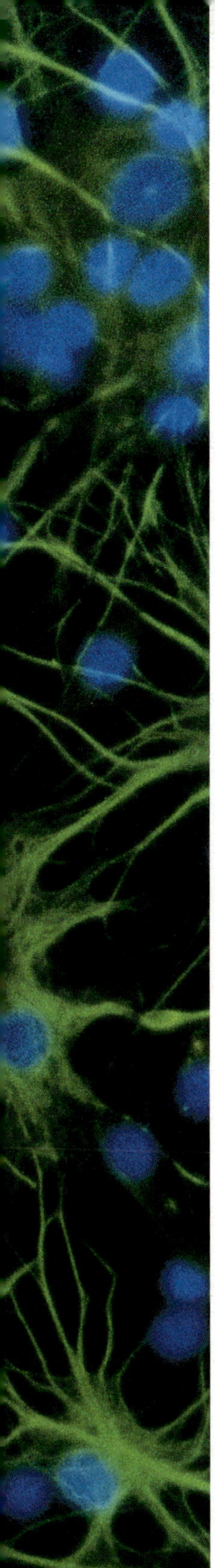

"El cerebro es el órgano que crea tu yo real.

Todos tus pensamientos, emociones y recuerdos, así como todo lo que ves y sientes, surgen de este órgano del tamaño de una col.

Sigue siendo un misterio la forma en que funciona exactamente, pero su secreto parece radicar en el modo en que sus cien mil millones de neuronas se conectan entre sí, formando un laberinto de circuitos más complicados que cualquier ordenador. A diferencia de un ordenador, el cerebro se remodela y cambia a medida que aprende."

Hay más circuitos posibles en tu

A veces se dice que en el **lóbulo frontal** radican el pensamiento consciente, la planificación y la voluntad, pero otras partes del encéfalo también intervienen en estas funciones.

¿CÓMO FUNCIONA EL ENCÉFALO?

El encéfalo es pardo-rosado, aproximadamente del tamaño de dos puños, y tiene consistencia gelatinosa. Su superficie ondulada está dividida en **lóbulos**; en tiempos se pensó que estaban especializados en diferentes tareas, como los órganos. Aunque en parte es cierto, el encéfalo es más complicado. Puede distribuir las tareas entre muchos lóbulos y cambiar la forma en que trabaja si resulta dañado.

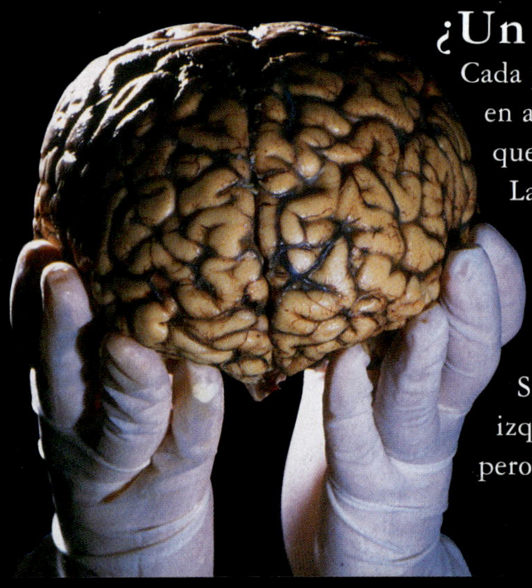

¿Un cerebro o dos?

Cada parte del cerebro se repite en ambos lados; se podría decir que hay **dos cerebros** en uno. Las dos mitades parecen tener distintas características y capacidades, y "hablan" entre sí. Para muchas cosas se necesitan ambas mitades. Si te cuentan un chiste, la mitad izquierda entiende el argumento, pero la mitad derecha "pilla" el chiste.

encéfalo que átomos en el universo

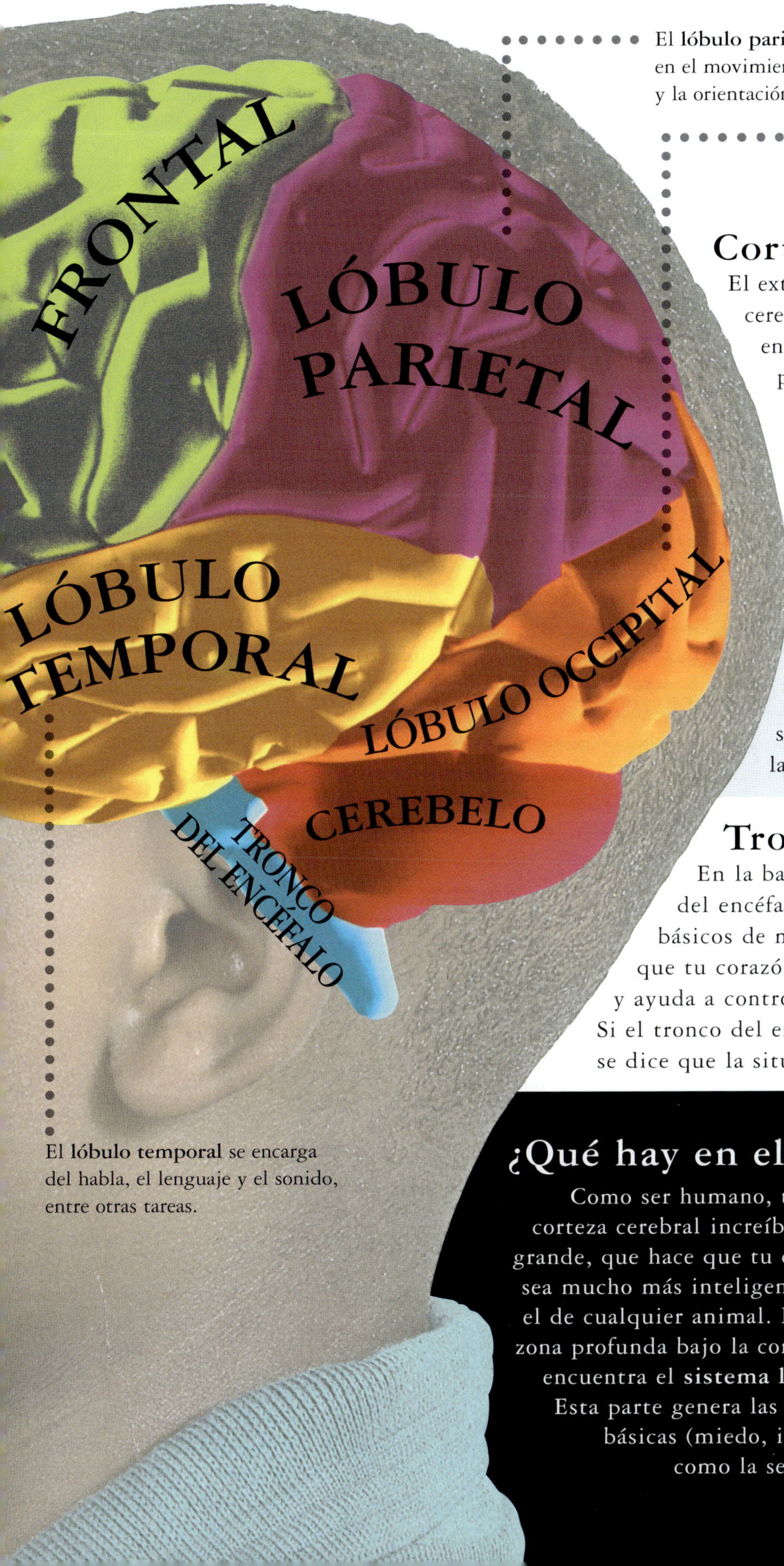

El **lóbulo parietal** es importante en el movimiento, la sensación y la orientación.

La función principal del **lóbulo occipital** es procesar la información procedente de los ojos.

El **lóbulo temporal** se encarga del habla, el lenguaje y el sonido, entre otras tareas.

Corteza cerebral

El exterior ondulado del encéfalo es la corteza cerebral. Ahí se genera el **pensamiento**, sobre todo en la frente. La mayoría del resto de la corteza procesa la información de los sentidos, en especial la visión y el oído. La corteza se divide en dos mitades, derecha e izquierda, cada una con cuatro lóbulos (mira la figura).

Cerebelo

El cerebelo ayuda a coordinar los **movimientos** del cuerpo y el equilibrio. Como casi todas las partes del encéfalo, realiza muchas tareas diferentes en lugar de especializarse en una sola. Recientemente se ha descubierto que interviene en el lenguaje, la visión, la lectura y la planificación.

Tronco del encéfalo

En la base del encéfalo está el tronco del encéfalo, que es vital para los sistemas básicos de mantenimiento de la vida. Permite que tu corazón lata, tus pulmones respiren y ayuda a controlar el sueño y la defecación. Si el tronco del encéfalo deja de funcionar, se dice que la situación es de **muerte cerebral**.

¿Qué hay en el medio?

Como ser humano, tienes una corteza cerebral increíblemente grande, que hace que tu cerebro sea mucho más inteligente que el de cualquier animal. En una zona profunda bajo la corteza se encuentra el **sistema límbico**. Esta parte genera las emociones básicas (miedo, ira) e impulsos como la sed y el hambre.

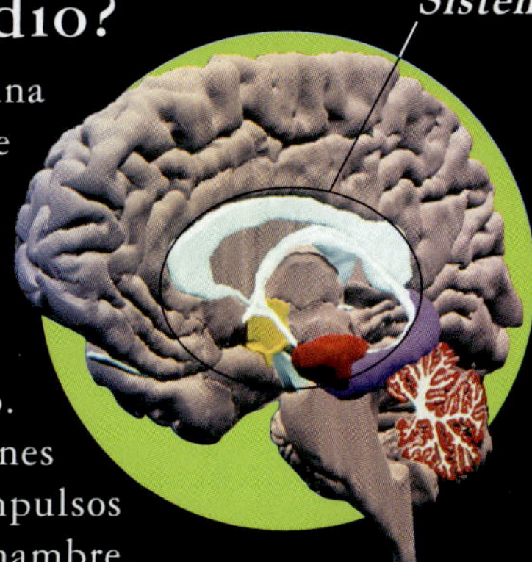

¿Cuánto de lo que piensas y haces procede

¿De dónde viene el PENSAMIENTO?

Todos tenemos un sentido del **yo interior** en nuestros cerebros. El yo interno es el "tú" real: tiene tus pensamientos y emociones, mira el mundo a través de tus ojos y desaparece cuando duermes. Tu yo interno parece tomar todas tus decisiones, ¿pero realmente lleva el **control**?

¿LO SABES?

¿Qué es el subconsciente?

El psicoanalista Sigmund Freud se equivocó en muchas cosas, pero acertó con una: gran parte de lo que hacemos está controlado por fuerzas ocultas del cerebro, el llamado **subconsciente**. La mente subconsciente trabaja de forma oculta, sin que nos demos cuenta de ello. Por ejemplo, cuando montas en bici, tu mente subconsciente se encarga de pedalear, señalar la dirección y demás, dejando que tu mente consciente pueda pensar en otras cosas.

¿Mi mundo es igual que el tuyo?

Tu experiencia del mundo es **completamente privada**. Nadie podrá nunca experimentar tus pensamientos y sensaciones. Algunos filósofos piensan que cada uno de nosotros podría realmente ver el mundo de formas muy distintas. Lo que tú ves como rojo podría parecer azul a otro, aunque supiera que es rojo. Pero como nunca podremos observar los pensamientos de nadie, jamás sabremos si esto es cierto.

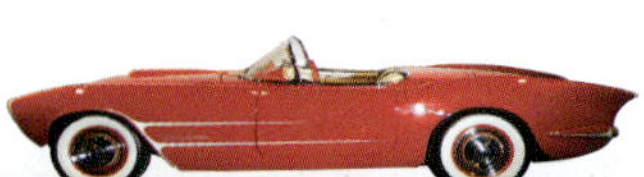

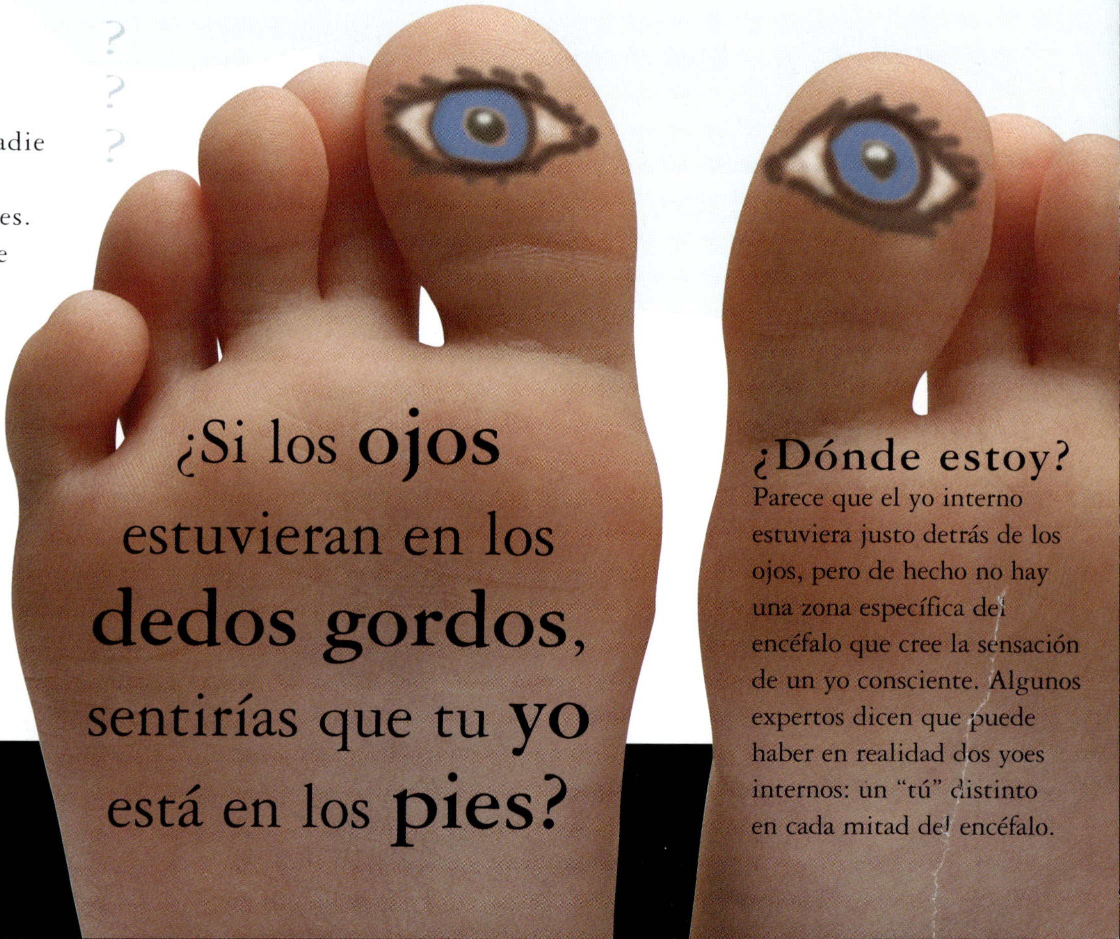

¿Si los **ojos** estuvieran en los **dedos gordos**, sentirías que tu **yo** está en los **pies**?

¿Dónde estoy?

Parece que el yo interno estuviera justo detrás de los ojos, pero de hecho no hay una zona específica del encéfalo que cree la sensación de un yo consciente. Algunos expertos dicen que puede haber en realidad dos yoes internos: un "tú" distinto en cada mitad del encéfalo.

de fuerzas ocultas inconscientes?

¿Por qué sueño?

Cuando estás aburrido o desconcentrado, te sumerges rápidamente en un mundo interno y comienzas a **fantasear**.

Los psicólogos calculan que pasamos 8 horas al día fantaseando

Como el parpadeo, las fantasías surgen todo el tiempo sin que las percibamos, y probablemente tengan una función importante. La mayoría de las personas tienen fantasías agradables sobre las cosas que desean, como ser rico y tener éxito, **enamorarse** o convertirse en un héroe. Estas fantasías positivas pueden ayudarte a centrar tus ambiciones y a motivarte. A menudo la gente tiene también **fantasías negativas**, sobre todo relacionadas con la revancha. Pueden ser saludables porque te ayudan a desahogarte.

¿Qué es la conciencia?

La sensación de percepción que tienes cuando estás despierto se denomina **conciencia**. Incluye toda la información de los sentidos y está dominada por la vista, nuestro sentido principal. También abarca el mundo interno personal, en el que te puedes refugiar y al que nadie puede entrar. Tus pensamientos, ideas, sentimientos, fantasías y tu imaginación forman parte de la conciencia.

¿LO SABES?

¿Qué es la imaginación?

Las fantasías fluyen sin control, pero también puedes centrar tu pensamiento y controlar las imágenes de tu mente. Esto ocurre cuando usas la imaginación. Por ejemplo, intenta recordar cuántas habitaciones tiene tu casa. Puedes hacerlo imaginando que estás caminando por ellas.

¿Qué es mi voz interior?

A veces los pensamientos toman la forma de una **voz interior** más que de imágenes o sentimientos. Cuando te encuentras con un problema difícil, puedes descubrirte diciendo en alto tus pensamientos. El hecho de hablarte a ti mismo de este modo no significa que estés loco: es una buena forma de concentrarte.

Todos sabemos si somos **diestros** o **zurdos**, ¿pero sabes cuál es tu **pie**, tu **ojo** o tu **oído** dominante? Debido a la forma en que funciona el cerebro, las dos partes del cuerpo distan mucho de ser iguales.

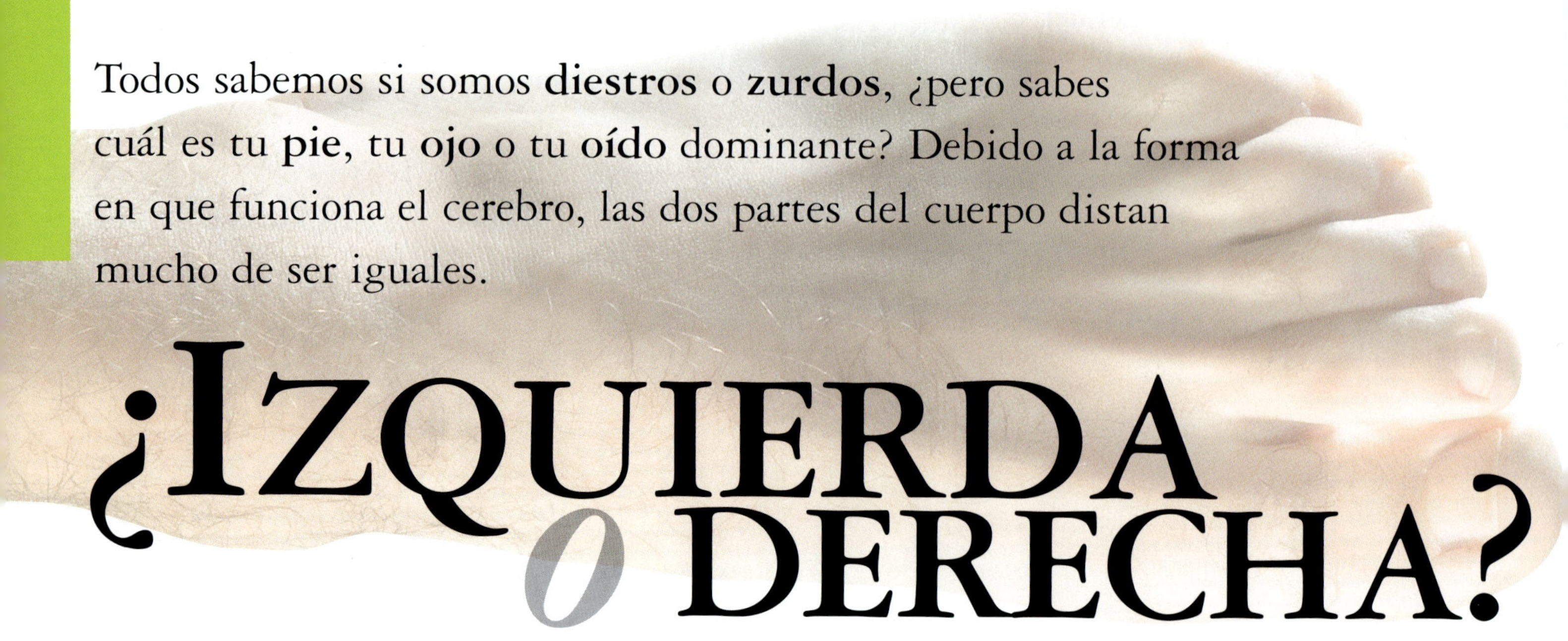

¿IZQUIERDA *o* DERECHA?

Si entrecruzas las manos, cruzas los brazos o las piernas, probablemente lo hagas siempre del mismo modo, con la izquierda o la derecha por encima. Estas asimetrías se deben a que el cerebro está dividido en dos partes. La izquierda controla la mitad derecha del cuerpo y viceversa. Para muchas funciones, ya sean físicas o mentales, una mitad del cerebro es dominante.

EN LA MAYORÍA DE LA GENTE LA PARTE IZQUIERDA DEL CEREBRO

- es dominante para el lenguaje, sobre todo para la gramática, la escritura y el habla
- es dominante para el pensamiento lógico
- percibe mejor el ritmo y el tono de la música
- controla la mitad derecha del cuerpo
- procesa la mitad izquierda del campo visual

Y LA PARTE DERECHA DEL CEREBRO

- es dominante en el pensamiento espacial
- aprecia mejor la melodía de la música
- comprende mejor los chistes, el sarcasmo y las metáforas
- reconoce mejor los objetos
- controla la mitad izquierda del cuerpo
- procesa la mitad derecha del campo visual

¿Qué parte de tu CEREBRO es la MITAD DOMINANTE?

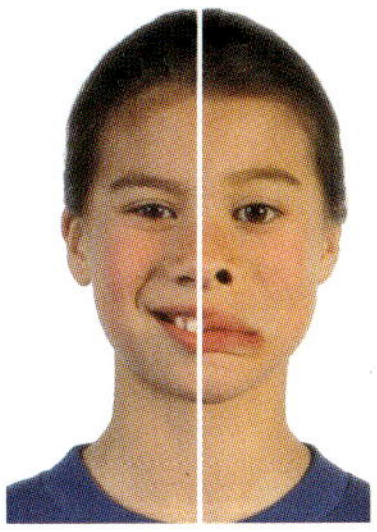

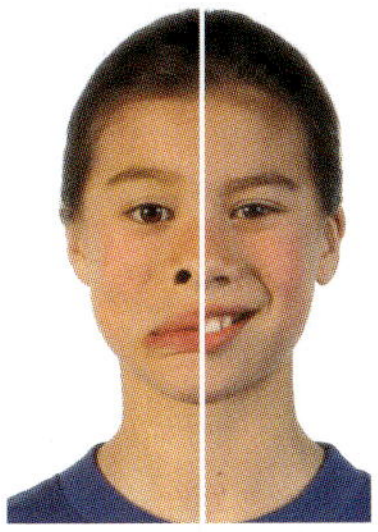

Prueba de visión

En mucha gente una mitad del campo visual es dominante. Mira directamente a la nariz de estas fotos. ¿En cuál parece que la niña está **más contenta**? La mayoría de la gente encuentra que en la foto superior la niña está más contenta porque sonríe a la izquierda y la mitad izquierda del campo visual suele ser dominante.

¿Cuál es tu pie dominante?

Da una patada a una pelota para saber cuál es tu pie dominante: en la mayoría de la gente dominan la mano derecha y el pie izquierdo.

¿Cuál es tu ojo dominante?

Estira un dedo, como en la figura, y mira a lo lejos. Cierra un ojo primero y luego el otro. El dedo se mueve si lo miras con el ojo que no es dominante y no se mueve si lo miras con el dominante.

¿Qué mano es mejor?

¿Qué tienen en común **Bill Gates, Tom Cruise** y **Angelina Jolie?** Son zurdos, como el 10% de la población mundial. Los científicos aún no han descubierto qué hace que la gente sea zurda o diestra. Es más probable que los gemelos idénticos tengan la misma mano dominante, pero a veces no, y esto indica que los genes no son la única causa. Sólo los niños pueden usar tanto una mano como la otra, pero a los dos años desarrollan una preferencia por alguna de ellas que se mantiene durante toda la vida. Curiosamente, no hay muchas personas que sean totalmente diestras o zurdas. Por ejemplo, algunos diestros tiran mejor con la mano izquierda.

La mayoría de la gente prefiere masticar por el lado derecho de la boca

Analiza tus manos

Quienes pueden usar ambas manos se llaman **ambidiestros**. Haz esta prueba para comprobar si lo eres. Coge un rotulador en tu mano derecha y marca un punto en cada círculo blanco durante 15 segundos. Hazlo después con la mano izquierda. Ve a la página 96 para ver qué significan los resultados.

Salida de la mano izquierda

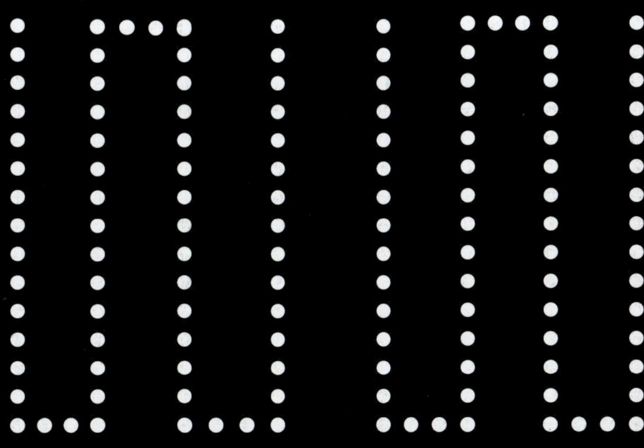

Salida de la mano derecha

MIRA ESTAS CARAS 30 SEGUNDOS Y LUEGO VE A LA

MEMORIA

¿LO SABES?

¿Dónde se almacena la memoria?

No hay una zona específica del encéfalo donde se almacene la memoria. Pero hay una zona del encéfalo, el **hipocampo** (tiene forma de caballito de mar), que tiene una función clave en la memoria, al parecer convirtiendo los recuerdos a corto plazo en recuerdos a largo plazo. Si se daña el hipocampo, la gente sufre **amnesia**, lo que implica que no pueden guardar nuevos recuerdos o recordar el pasado.

¿Dónde estabas cuando...

... las torres del World Trade Center de Nueva York se derrumbaron el 11-9-2001? ¿Puedes recordar con quién estabas y qué hacías cuando te enteraste de la noticia? El cerebro es muy bueno recordando acontecimientos **horrorosos** porque las emociones intensas hacen que los recuerdos sean más vívidos, más detallados y sea más fácil recordar.

Los 4 tipos de memoria

A corto plazo

Cierra los ojos e intenta recitar la última frase que leas. Estás usando la memoria a corto plazo. Sólo dura unos **pocos segundos** o minutos y luego se pierde, pero es vital para leer libros y ver películas.

A largo plazo

¿Qué te regalaron en Navidad? Ahora estás usando la memoria a largo plazo, que puede durar toda la vida. Las **emociones** intensas, como la alegría o una gran impresión, pueden dejar registros permanentes en tu memoria a largo plazo.

Episódica

¿Adónde fuiste en las vacaciones de verano? La memoria episódica es como un diario mental y tiene grabados la **hora** y la **fecha**. Incluye experiencias completas, como lo que viste y sentiste.

Fáctica

¿Cuál es la montaña más alta del mundo? Ahora estás empleando la memoria fáctica, un tipo de memoria a largo plazo. Aquí almacenas lo que aprendiste en el colegio. Necesitas **refrescar** los recuerdos fácticos o desaparecerán.

SIGUIENTE PÁGINA. ¿PUEDES VER UNA CARA NUEVA?

Algunos recuerdos se pierden con el tiempo, pero otros dejan una huella permanente en nuestro cerebro. Es probable que los 3 primeros años de tu vida estén **en blanco**, pero a partir de entonces tu memoria empieza a hacer registros minuciosos. Cada experiencia deja una impresión en tu cerebro, la recuerdes o no.

¿CÓMO PUEDO MEJORAR MI MEMORIA?

Hay muchas formas de mejorar la memoria. Un buen modo de memorizar los deberes es escribir notas mientras lees. Esto hace que te concentres en los hechos más importantes, y que los guardes en la memoria. Otra técnica eficaz es releer las notas un día, una semana y un mes después. Cada vez que refrescas la memoria se hace **más fácil recordar** y más permanente el recuerdo.

Trucos nemotécnicos

Las **reglas nemotécnicas** son rimas o frases que te ayudan a guardar hechos en la memoria a largo plazo. Funcionan porque relacionan informaciones aburridas con algo mucho más memorable. Por ejemplo, puedes recordar el orden de los planetas del sistema solar con esta regla:

> “Mi viejo terrier merodea juguetón sobre un nuevo parterre”

La primera letra de cada palabra es la inicial de un planeta, comenzando por el más cercano al sol: Mercurio, Venus, la Tierra, Marte, Júpiter, Saturno, Urano, Neptuno y Plutón.

Para recordar una lista de números, convierte cada número en una imagen mental de un objeto que rime, como estos:

1 **neptuno**
2 **colorados**
3 **desastres**
4 **teatro**
5 **ornitorrinco**
6 **piséis**
7 **pendiente**
8 **bizcocho**
9 **llueve**
10 **pies**

Luego combínalos en una **escena imaginaria**. Por ejemplo, para recordar el año 1066 piensa en tus pies pisados por dos gigantes.

¿LO SABES?

¡Perdón, me olvidé!

Olvidar es tan importante como recordar. Si tu cerebro no olvidara, tu memoria se atascaría con detalles irrelevantes y no podrías seguir pensando con claridad. Así que tu cerebro suele filtrar sólo la información **interesante** o **rara** y desecha todo lo demás.

¿Algunas personas tienen memoria fotográfica?

Hay personas que hacen proezas asombrosas con la memoria, como recordar la secuencia de todas las cartas de una baraja con sólo echarles un vistazo. Pero no tienen memoria fotográfica: sólo se han entrenado para usar muchos trucos nemotécnicos ingeniosos. Es probable que la memoria fotográfica no exista.

¿PUEDES DESCUBRIR LA NUEVA CARA? Tu cerebro ha creado

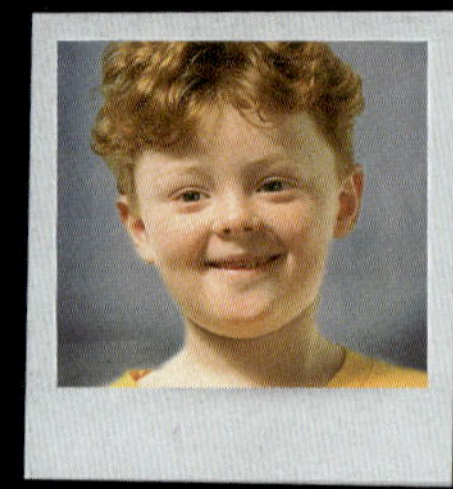

Analiza tu MEMORIA

HAZ ESTAS PRUEBAS PARA SABER SI TIENES BUENA MEMORIA

1 ¿Cómo es tu memoria para las palabras?

- Estudia las 12 palabras de la pizarra durante 30 segundos exactamente.
- Cierra el libro, espera un minuto e intenta escribirlas todas.
- Comprueba los resultados y ve a la página 96 para saber qué significan.

Consejo: visualizar las palabras y combinarlas con imágenes puede servir de ayuda.

728345

Los **números** pueden ser más **difíciles** de

la capacidad de reconocer caras, así que este test es muy fácil.

2 ¿Cómo es tu memoria visual?

- Estudia los objetos de la bandeja durante 30 segundos exactamente.
- Cierra el libro, espera 1 minuto, e intenta escribir todos los objetos que viste
- Comprueba los resultados y ve a la página 96 para saber qué significan.

Consejo: puede servir de ayuda hacer un bosquejo de la bandeja.

7 3 6

3 Calculadora humana

- Durante 15 segundos, memoriza el número de la izquierda.
- Cierra el libro, espera 1 minuto y escríbelo.
- Comprueba el resultado y mira la página 96.

Consejo: sigue diciendo el número para tus adentros.

recordar que las palabras o las imágenes

¿LO SABES?

¿Cuándo aprendo más?

Aprendes algunas cosas mejor a ciertas edades: en los **períodos críticos.** El período crítico para **aprender a ver** es el primer año de vida. Si un niño no "trabaja" adecuadamente durante el primer año, es posible que termine siendo ciego, aunque sus ojos estén sanos. El período crítico para **aprender a hablar** son los 11 primeros años de vida: en ese tiempo se puede aprender a hablar con fluidez cualquier idioma.

¿Por qué la práctica perfecciona?

Las habilidades físicas, como el patinaje sobre hielo o la conducción de un coche, implican un tipo especial de aprendizaje que usa una parte del encéfalo llamada cerebelo. Al principio, tienes que pensar cómo mover cada músculo. Usas la corteza cerebral para mover conscientemente el cuerpo, y para eso es necesaria la concentración. Tras la **práctica**, los movimientos se hacen reflejos. El cerebelo aprende a controlar el cuerpo como un piloto automático.

¿Puedo cambiar mi CEREBRO?

El cerebro es **plástico**: aprende y se adapta no cambiando sus programas, como un ordenador, sino cambiando físicamente su "disco duro". Nacemos con casi todos nuestros 100 mil millones de células encefálicas, pero las **conexiones** entre

esas células pueden cambiar durante la vida. El cerebro aprende cambiando las conexiones y renovándolas, creando nuevos circuitos sin fin.

Las personas con las que te reúnes, los lugares que visitas, las cosas que ves, las habilidades que desarrollas, e incluso tus sueños, cambian la **estructura física** de tu cerebro. Tu experiencia de vida deja su marca en la complicada red de conexiones de tu cerebro.

Como nadie tiene exactamente la misma vida que tú, nadie posee un cerebro como el tuyo.

Tu cerebro se hace más

Cuando aprendes o memorizas algo nuevo, fuerzas a tu cerebro a que se remodele. Y cada vez que practicas esa tarea o refrescas tu memoria, haces que los nuevos circuitos sean más **potentes**, como si abrieras un sendero en el campo.

¿Cuándo cambia más mi cerebro?

El cerebro cambia durante toda la vida, pero en algunos períodos cambia muy rápido. En los 2 ó 3 primeros años de vida, las células cerebrales del niño crean conexiones a una velocidad asombrosa. Pero de los 3 años en adelante el cerebro empieza a eliminar conexiones que no se necesitan y a **destruir células cerebrales** que no se utilizaron. Otro aumento de la formación de conexiones ocurre a los 11-12 años, justo antes de la pubertad. En la adolescencia, las nuevas conexiones se vuelven a reducir.

¿Puedo ejercitar mi cerebro?

En cierto modo, el cerebro es como un **músculo**. Si ejercitas mucho algunas partes, se desarrollarán más. Los científicos han encontrado que en los violinistas una zona mayor de la habitual del cerebro se dedica a controlar la mano izquierda, que tiene la difícil tarea de presionar las cuerdas del violín mientras que el brazo derecho mueve el arco. En los ciegos que leen según el sistema Braille, una zona inusualmente grande del cerebro se dedica al tacto.

¿LO SABES?

¿El sueño me ayuda a aprender?

Si quieres pasar un nivel difícil de un juego informático o dominar una pieza de piano difícil, quizá encuentres que es más fácil consultar con la almohada e intentarlo a la mañana siguiente. Los neurocientíficos creen que hay una relación entre el sueño y el aprendizaje, sobre todo en el caso de las habilidades físicas que requieren práctica. El sueño puede ayudar a resolver retos mentales, como los rompecabezas matemáticos.

Mantente centrado

Aprendizaje y **atención** van juntos. El cerebro capta información sólo cuando está interesado y presta atención. Si estás cansado o aburrido y empiezas a dispersarte, pronto dejas de aprender.

¿Se puede reparar el cerebro a sí mismo?

En caso de un daño cerebral, a veces parece que se produce una **recuperación milagrosa**. La persona puede quedar paralítica y ser incapaz de hablar y meses después anda y habla de nuevo. Esto ocurre porque el cerebro es plástico. Si el centro del habla del lado izquierdo del cerebro está dañado, el lado derecho puede aprender para hacer la misma función.

potente y **rápido** si lo ejercitas

¿Soy un GENIO?

¿LO SABES?

¿Qué es el CI?

El test del CI (coeficiente intelectual) es la forma más habitual de medir la inteligencia. Analiza las habilidades espaciales, verbales y numéricas y da una puntuación total. La prueba del CI se pensó originalmente para descubrir a los niños que no van bien en el colegio. Puede indicar bien cómo te puede ir en el colegio, pero no muestra el grado de éxito que tendrás en la vida.

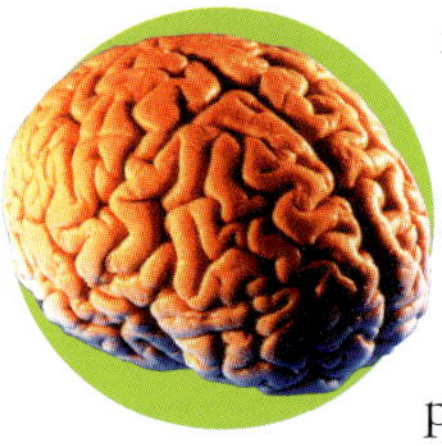

¿El CI es genético?

Los estudios de gemelos idénticos indican que en los niños que crecen en un hogar estable y sano la mayor parte de la variación del CI se relaciona con los **genes**. En los niños que crecen en hogares pobres esa variación se debe sobre todo al **entorno**. Aunque los resultados parecen contradictorios, muestran que **ambos**, genes y entorno, influyen en el CI.

¿EN QUÉ DESTACAS?

La inteligencia puede significar muchas cosas, como lo bien que se te dan las matemáticas o te expresas verbalmente. Las pruebas de las siguientes páginas te dan una idea de los aspectos en los que puedes ser más inteligente.

ESPACIAL inteligencia

Pensar espacialmente es ser capaz de ver formas con el **ojo de tu mente** y darles la vuelta. Este tipo de inteligencia es muy útil para entender las máquinas e interpretar los mapas. En general, los niños tienen más puntuación que las niñas en el pensamiento espacial.

VERBAL inteligencia

Mide la capacidad de lectura y escritura. Las personas con una gran inteligencia verbal leen rápidamente y **obtienen la información** con facilidad. También pueden expresarse bien por escrito. En general, las niñas tienen una puntuación mayor que los niños en esta prueba.

Hacen falta 10.000 HORAS de

¿Una persona inteligente es la que conoce montones de **hechos**, o la inteligencia se refiere a resolver **rompecabezas lógicos** o a ser **imaginativo**? ¿Es algo con lo que se nace o se puede desarrollar con la práctica?

NUMÉRICA *inteligencia*

Una inteligencia numérica elevada es signo de una mente lógica y analítica. Si te resultan fáciles las matemáticas, es probable que tengas una gran inteligencia numérica. Algunas personas tienen resultados altos en esta prueba, pero resultados bajos en la inteligencia verbal.

LATERAL *inteligencia*

El pensamiento lateral implica que utilizas la **imaginación** para resolver rompecabezas que no tienen una respuesta lógica. Las pruebas del pensamiento lateral pueden ser muy difíciles; si se te dan bien, es probable que tengas una mente muy **creativa.**

EMOCIONAL *inteligencia*

Si comprendes bien lo que otras personas sienten y piensan, es posible que tengas un gran CI emocional. Las personas con un CI emocional alto suelen tener éxito en la vida, aunque tengan puntuaciones bajas en otras pruebas de inteligencia.

¿LO SABES?

¿Puedo cambiar mi CI?

Tu CI no es inamovible. Si estudias en el colegio, tu CI **aumentará.** En el último siglo, el CI promedio de todas las naciones ha aumentado, quizá por la mejora de la educación. En Japón, el CI medio aumentó unos 12 puntos en los últimos 50 años. Esto demuestra que el entorno puede influir mucho en el CI.

¿Qué es un genio?

Es alguien que llega a tener un talento excepcional en algún tema. **Albert Einstein** fue quizá el mayor genio científico de la historia. Al morir, los expertos analizaron su cerebro para ver qué tenía de especial, pero era como cualquier otro. Einstein no fue un buen estudiante en el colegio y detestaba a su maestro. Su secreto fue probablemente su interés obsesivo por la ciencia. La **obsesión** es algo que todos los genios tienen en común, y que a menudo empieza en la infancia.

práctica para hacerse un *experto*

Test de *inteligencia* ESPACIAL

Haz este test en 20 minutos. Luego ve a la página 96 para comprobar las respuestas.

1 Si quieres cortar una pizza en 8 partes iguales, ¿cuántos cortes tienes que hacer?

a) 8
b) 2
c) 16
d) 6
e) 4

2 ¿Cuantos vértices tiene un cubo?

a) 8
b) 12
c) 16
d) 6
e) 4

3 ¿Qué forma coincide con la gris?

4 ¿Qué círculo es el extraño?

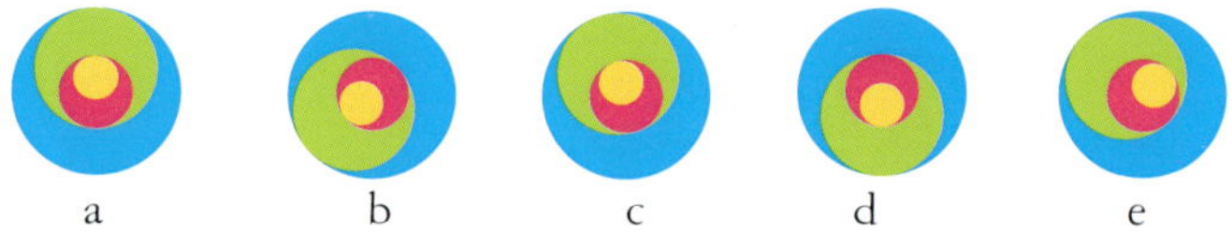

5 ¿Qué cuadrado no encaja?

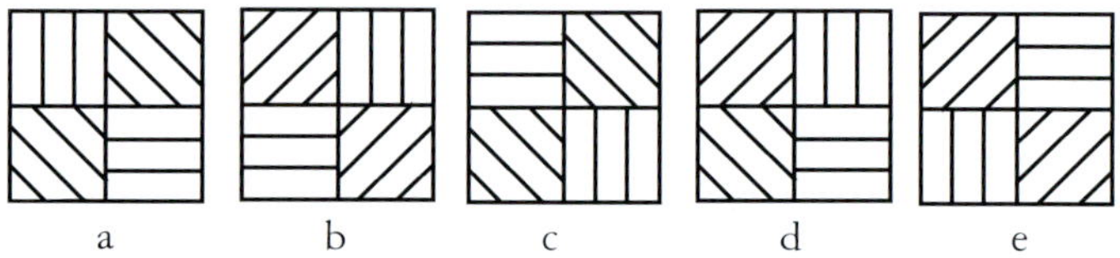

Test de *inteligencia* VERBAL

Haz esta prueba: tienes 20 minutos para completarla. Ve a la página 96 y comprueba las respuestas.

1 India es a Asia como Italia es a

a) América
b) África
c) Europa
d) pizza
e) Júpiter

2 Hielo es a agua como sólido es a

a) gas
b) hielo
c) metal
d) líquido
e) vapor

3 Metro es a distancia como kilogramo es a

a) peso
b) gramo
c) libra
d) tonelada
e) kilómetro

4 Gigantesco es a miniatura como alegre es a

a) feliz
b) eufórico
c) aburrido
d) triste
e) pulga

5 Plátano es a manzana como col es a

a) sopa
b) pastel
c) cereza
d) tazón
e) coliflor

6 ¿Qué palabra no encaja?

a) comer
b) tener
c) caja
d) sujetar
e) sonreír

7 ¿Qué palabra no encaja?

a) ojo
b) dedo
c) tobillo
d) lengua
e) jirafa

8 ¿Qué palabra no encaja?

a) gritar
b) cantar
c) hablar
d) caminar
e) susurrar

6 ¿Cuál de los objetos de la línea superior es el siguiente en la secuencia?

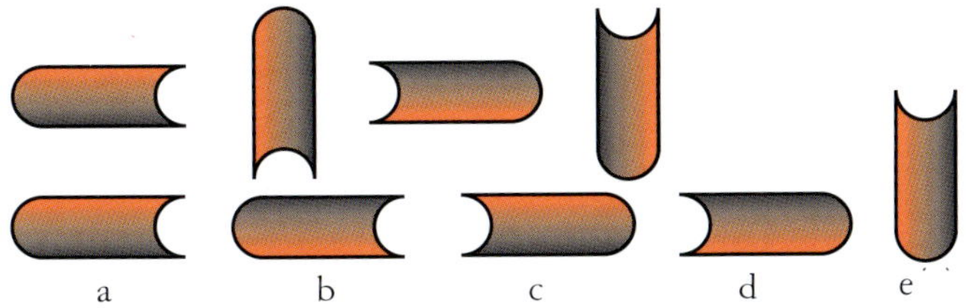

7 ¿Qué llave azul encaja en la forma roja?

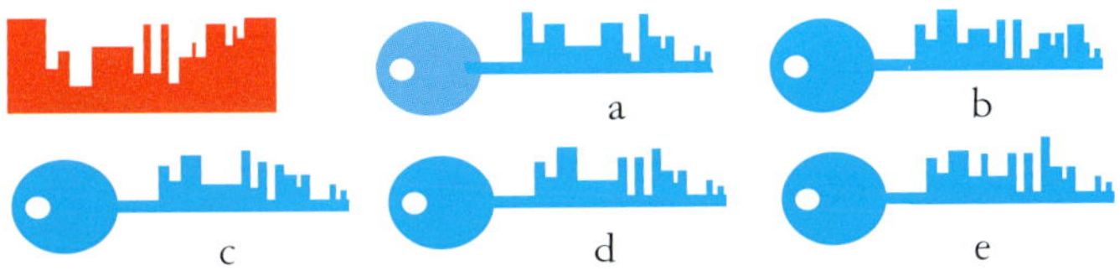

8 ¿Qué forma completa la secuencia?

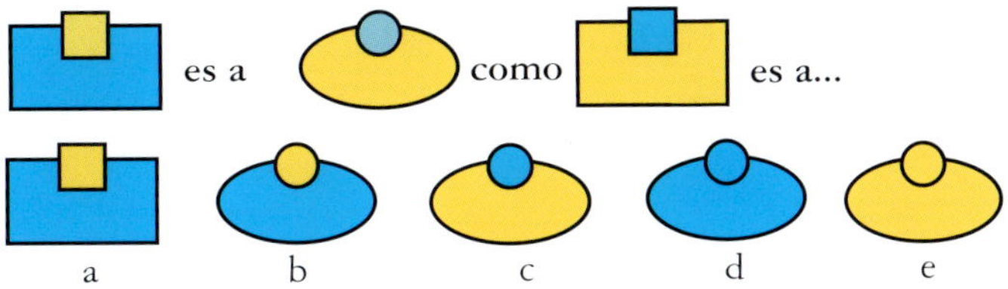

9 ¿Qué forma se consigue doblando el papel por la línea de puntos?

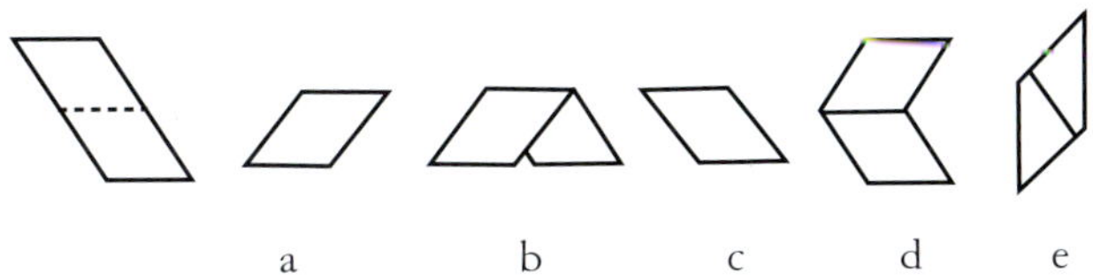

10 ¿Qué obra de arte contiene la figura de abajo?

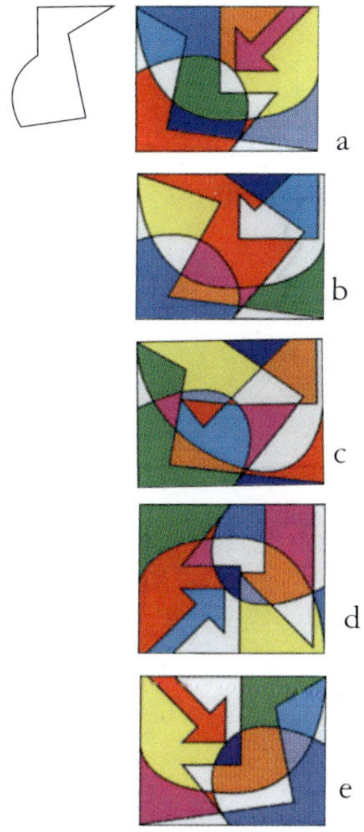

9 ¿Qué palabra no encaja?

a) concordar
b) discutir
c) contradecir
d) pelear
e) discrepar

10 ¿Qué palabra no encaja?

a) caballo
b) vaca
c) canguro
d) burro
e) cabra

11 ¿Qué palabra tiene un significado similar a "construir"?

a) destruir
b) torre
c) ladrillo
d) edificar
e) puente

12 ¿Qué palabra tiene un significado similar a "diverso"?

a) similar
b) araña
c) variado
d) calamidad
e) ábaco

13 ¿Qué palabra tiene un significado similar a "esencial"?

a) extra
b) armónica
c) aceite
d) excedente
e) vital

14 ¿Qué palabra tiene un significado similar a "rotar"?

a) girar
b) rodear
c) invertir
d) tirar
e) hundir

15 Si algunos ornis son torris y algunos torris son rincos, entonces algunos ornis son indudablemente rincos. Esta afirmación es

a) verdadera
b) falsa
c) a veces verdadera
d) a veces falsa
e) ninguna de ellas

16 Un cínico es alguien que sabe el precio de todo y el ________ de nada.

a) tamaño
b) valor
c) significado
d) circunferencia
e) opuesto

Test de *inteligencia* NUMÉRICA

Haz este test para ver si tienes un buen pensamiento numérico. Puedes hacerlo en 30 minutos. Ve luego a la página 96 y comprueba las respuestas. No te apresures, es un test más difícil que otros y hay algunas preguntas con truco.

1 Un granjero construye una valla de 10 m tendiendo alambre entre postes de madera separados 2 m. ¿Cuántos postes necesita?

a) 10
b) 2
c) 4
d) 5
e) 6

2 La suma de todos los números de 1 a 7 es

a) 8
b) 15
c) 22
d) 25
e) 28

3 Pasado mañana está dos días antes del martes. ¿Qué día es hoy?

a) Viernes
b) Sábado
c) Domingo
d) Lunes
e) Martes

4 ¿Cuál es el siguiente número en esta secuencia?

1, 2, 3, 5, 8, 13...

a) 15
b) 17
c) 19
d) 21
e) 23

5 Si dos cocineros pueden pelar dos patatas en 1 minuto, ¿cuántos cocineros se necesitan para pelar 20 patatas en 10 minutos?

a) 1
b) 2
c) 3
d) 4
e) 5

6 16235101 es a oveja como 1216216 es a

a) lobo
b) caballo
c) antílope
d) cabra
e) ganado

Test del *pensamiento* LATERAL

Debes usar tu imaginación para hacer este test. Las preguntas son difíciles, así que pide a alguien que te ayude si te bloqueas. No te sorprendas si muchas respuestas son erróneas (ver página 96).

1 Vivo solo en una casita sin puertas ni ventanas y cuando la dejo tengo que pasar a través de las paredes. ¿Qué soy?

2 Es primavera. Ves una zanahoria y dos trozos de carbón en el jardín de alguien. ¿Qué hacen ahí?

3 Un hombre está muerto en un campo cerca de una mochila. ¿Qué hacía ahí?

4 Dos niños han nacido en el mismo día del mismo mes del mismo año, en el mismo hospital y de la misma madre biológica. ¿Por qué no son gemelos?

7 Lucía y Alberto han recogido 30 caracoles en un jardín. Lucía encontró cinco veces más que Alberto. ¿Cuántos caracoles encontró Alberto?

a) 6
b) 8
c) 3
d) ninguno
e) 5

8 Participas en una carrera y pasas a la persona que está en segundo lugar. ¿Qué lugar tienes tú ahora?

a) último
b) 4.º
c) 3.º
d) 2.º
e) 1.º

9 Ana es más alta que Bea y Clara es más baja que Ana. ¿Cuál de estas afirmaciones es cierta?

a) Clara es más alta que Bea.
b) Clara es más baja que Bea.
c) Clara es tan alta como Bea.
d) Es imposible decirlo.
e) Clara es hermana de Bea.

10 Un grupo de patos marchan en línea. Hay dos patos delante de un pato, dos patos detrás de un pato y un pato en el medio. ¿Cuántos patos hay?

a) 1
b) 5
c) 3
d) 7
e) 2

11 ¿Qué número es la mitad de la cuarta parte de la décima parte de 800?

a) 2
b) 5
c) 8
d) 10
e) 40

12 El viaje en tren de Preston a Londres es de 300 km. Un tren lento sale de Preston al mismo tiempo que un tren rápido sale de Londres. Si la velocidad del tren rápido es el doble de la velocidad del tren lento, ¿hasta dónde habrá llegado el tren lento cuando el otro lo haya pasado?

a) 100 km
b) 150 km
c) 200 km
d) 133 km
e) 266 km

13 Jaime tiene 4 años y su hermana Tina es tres veces mayor. Cuando Jaime cumpla 12 años, ¿cuántos tendrá Tina?

a) 16
b) 20
c) 24
d) 28
e) 36

14 ¿Cuál es el siguiente número en esta secuencia?

144, 121, 100, 81, 64...

a) 55
b) 49
c) 36
d) 16
e) 9

15 Un coche recorre 52 km en 30 minutos. ¿Qué velocidad lleva?

a) 52 km/h
b) 84 km/h
c) 104 km/h
d) 112 km/h
e) 120 km/h

5 ¿Por qué es mejor que la tapa de la alcantarilla sea redonda y no cuadrada?
Pista: piensa en darle la vuelta.

6 Un hombre fue a una fiesta y bebió ponche. Luego se marchó temprano. Todos los asistentes a la fiesta que bebieron el ponche murieron. ¿Por qué no murió ese hombre?
Pista: había veneno en el ponche.

7 ¿Qué es más poderoso que Dios? El rico lo necesita, el pobre lo tiene y si lo comes te mueres?
Pista: la respuesta es una palabra.

8 Tres interruptores de un sótano están conectados a tres luces en una habitación que está arriba. ¿Cómo puedes saber qué interruptor enciende qué luz yendo sólo una vez del sótano a la habitación?

9 Un hombre vive en el décimo piso de un edificio. Baja en ascensor hasta la planta baja para ir a trabajar. Cuando vuelve, sube en el ascensor hasta el séptimo piso y sube a pie el resto. Si llueve, toma el ascensor hasta su piso. ¿Por qué?
Pista: lleva un paraguas.

¿QUÉ TIPO DE PERSONA SOY?

“¿Buscas emociones fuertes, estás al margen de las reuniones sociales o tienes un miedo horrible a las arañas?

¿Te gustan las fiestas y acostarte tarde o prefieres levantarte pronto y enfrascarte en la lectura de un libro? De ser así, ¿a quién se lo debes, a tus padres o a tus genes?

Cada individuo tiene una personalidad única, con una combinación de hábitos y debilidades diferentes a las de cualquier otro. Más que cualquier otra cosa, tu personalidad hace que tú seas ***tú***.”

Analiza tu PERSONALIDAD

1. ¿Te gusta hacer cosas algo peligrosas?
2. Si alguien no te gusta, ¿temes decirle lo que piensas de él?
3. ¿Te gusta mantener largas conversaciones por teléfono?
4. ¿Te acuerdas fácilmente de los cumpleaños de la gente?
5. ¿Prefieres salir con una pandilla grande antes que con uno o dos amigos?
6. ¿Eres muy sensible a las críticas?
7. ¿Te aburres enseguida de las aficiones y pruebas pronto otras nuevas?
8. ¿Te gusta hablar con nuevas personas y conocerlas?
9. ¿Generalmente haces tus deberes a tiempo?
10. ¿Te compadeces de la gente que no es feliz?
11. ¿Conservas la calma en situaciones difíciles?
12. Si alguien te ofende, ¿sueles perdonar y olvidar?
13. ¿Otros te describen como una persona tímida?
14. ¿Sueles planear lo que tienes que hacer en la semana?
15. ¿Tienes tu habitación limpia y ordenada?
16. ¿Es raro que discutas con la gente?

Calcula la puntuación como sigue

Apertura Anota 2 puntos si respondes "sí" en 7, 17, 20, 24, 26; 2 si contestas "no" en la 14; 1 si respondes "no estoy seguro" en 7, 14, 17, 20, 24, 26. Suma los puntos: 3 o menos = baja; 4 – 8 = media; 9 o más = alta.

Escrupulosidad Anota 2 puntos si respondes "sí" a las preguntas 4, 9, 15, 19, 21, 29; 1 si contestas "no estoy seguro" en 4, 9, 15, 19, 21, 29. Suma los puntos: 3 o menos = baja; 4 – 8 = media; 9 o más = alta.

Extroversión Anota 2 puntos si respondes "sí" en 1, 3, 5, 8, 22; 2 si contestas "no" en 13; 1 si respondes "no estoy seguro" en 1, 3, 5, 8, 13, 22. Suma los puntos: 3 o menos = baja; 4 – 8 = media; 9 o más = alta.

Haz este test para saber más sobre tu personalidad. Al lado de cada pregunta escribe "sí", "no" o "no estoy seguro". No hay respuestas correctas: intenta sólo ser lo más **honesto posible**. Sigue las instrucciones que están a pie de página para obtener las puntuaciones; luego pasa a la siguiente página para saber qué significan los resultados obtenidos.

17 ¿Te gusta explorar sitios desconocidos?

18 ¿Temes lo que otras personas puedan pensar de ti?

19 ¿Alguna vez ofreces tu ayuda para lavar los platos?

20 ¿Te consideras algo rebelde?

21 ¿Sueles hacer las cosas lo mejor que puedes?

22 ¿Te gustaría hacer *puenting*, paracaidismo o descenso de aguas bravas?

23 ¿Te enfadas a menudo por tonterías?

24 ¿Cambian tus gustos en cuanto a la música y la moda?

25 ¿Crees que es fácil creer en la gente?

26 ¿Te gustan las actividades artísticas o creativas?

27 ¿Si no estás de acuerdo con alguien, puedes guardar silencio al respecto?

28 ¿Te describirías como despreocupado y relajado?

29 ¿Terminas de leer la mayoría de los libros que empiezas?

30 ¿Te preocupas con facilidad?

Recuerda que si quieres puedes contestar "no estoy seguro".

SIMPATÍA Anota 2 puntos si respondes "sí" en 2, 10, 12, 16, 25, 27; 1 si contestas "no estoy seguro" en 2, 10, 12, 16, 25, 27. Suma los puntos: 3 o menos = baja; 4 – 8 = media; 9 o más = alta.

NEUROSIS Anota 2 puntos si respondes "sí" en 6, 18, 23, 30; 2 si contestas "no" en 11 y 28; 1 si respondes "no estoy seguro" en 6, 11, 18, 23, 28, 30. Suma los puntos: 3 o menos = baja; 4 – 8 = media; 9 o más = alta.

PASA A LA PÁGINA SIGUIENTE PARA SABER MÁS...

¿Qué es mi PERSONALIDAD?

Algunas personas son llamativas y populares, otras son calladas y tímidas. Algunas **pierden los estribos** con facilidad y otras nunca se ponen nerviosas. La personalidad es algo que juzgamos de forma intuitiva, así que ¿cómo estudiarla científicamente? Los psicólogos abordan este problema dividiendo la personalidad en diferentes aspectos.

Necesitas *un poco* de todos estos

ESCRUPULOSIDAD

Si has obtenido una puntuación alta, probablemente seas sensible, fiable y **trabajador**. Las personas aplicadas se esfuerzan por hacerlo todo lo mejor posible y suelen ser muy limpias y ordenadas, aunque a veces algo quisquillosas. Si la puntuación fue baja, es probable que seas algo desorganizado y que las tareas domésticas te parezcan tediosas.

EXTROVERSIÓN

A los extrovertidos les gustan las emociones y la diversión. Si tu puntuación fue alta, es probable que tengas mucha seguridad, seas hablador y te guste estar con la gente. También puedes buscar **emociones** algo peligrosas.
Si tu puntuación fue baja, es más probable que seas introvertido. Los introvertidos tienden a ser tímidos y cautelosos. Prefieren estar con amigos conocidos y no con mucha gente.

NEUROSIS

La neurosis mide hasta qué punto tienes un temperamento **muy nervioso** y eres emocionalmente sensible. Una persona así se altera, se preocupa o se entusiasma con más facilidad que otras personas.
Lo opuesto es alguien que es muy tranquilo, relajado, rara vez emocional y a veces puede parecer que es indiferente al mundo.

El test "Big five"

Uno de los tests que los psicólogos usan con más frecuencia para estudiar la personalidad es el "**Big five**", que divide la personalidad en cinco grandes dimensiones (parte inferior de la página). Estas dimensiones son independientes: tu puntuación en una dimensión no influye en las otras.

Por ejemplo, puede ser muy extrovertido, pero también bastante desagradable

Para hacer bien el test "Big five" debes usar cuestionarios diseñados por psicólogos. El test de la página anterior sólo te da una idea de tus auténticas puntuaciones, de modo que no te preocupes si los resultados parecen decepcionantes.

¿La personalidad está en los genes?

Estudios en gemelos idénticos sugieren que los genes influyen mucho en la personalidad de cada uno. En un estudio importante, los genes suponían aproximadamente el 40% de la variación en la puntuación en el "Big five" y al ambiente le correspondía el 35% de la variación. (El 25% restante se debió a un error de muestreo.)

rasgos de personalidad

Simpatía

La simpatía mide lo fácil que es relacionarse contigo. Si tienes una puntuación alta, probablemente la gente te encuentre cooperador y **bondadoso**. Si la puntuación es baja, a veces puedes ser demasiado directo o argumentativo. Las personas tienden a ser más agradables con la edad.

Apertura

Si eres muy abierto, te gustan las **nuevas experiencias** y el cambio. Tomas decisiones de improviso en lugar de hacer planes, y tiendes a ir de pasada por las cosas en lugar de meterte a fondo en una afición. Las personas con una puntuación baja prefieren el entorno familiar y la rutina y pueden dejarse absorber por alguna afición.

¿Lo sabes?

¿Puedo cambiar?

Si crees que tienes una personalidad no muy buena, no te alarmes. La personalidad cambia durante la vida, incluso en la edad adulta. En la segunda y la tercera década, es posible que seas más aplicado y más cordial. En las mujeres, el neuroticismo y la extroversión disminuyen con la edad. En los varones se mantienen, aunque empiezan siendo menores.

¿Qué trabajo me conviene?

A cada tipo de personalidad le convienen más diferentes carreras. Si eres tímido, puedes estar más satisfecho en un trabajo que no implique mucho contacto con la gente. Si entiendes tu personalidad puedes identificar tus **capacidades** y ver qué carrera te convendría más. Recuerda que la gente cambia y que muchas personas superan la timidez cuando maduran.

¿Importa el orden de nacimiento?

Algunos dicen que su posición en la familia ha influido mucho en su personalidad. El **hermano mayor** suele ser el más sensible y el menor el más atrevido. Pero parece que estos efectos sólo se aplican **dentro de la familia**. Cuando estás con los amigos o fuera de casa, la forma de comportarte no tiene nada que ver con el orden de nacimiento.

¿LO SABES?

¿Por qué soy tímido?

Los introvertidos pueden sentirse incómodos o nerviosos en situaciones sociales, y eso los lleva a veces a evitar a otras personas. No hay problema en sentirse tímido: es un importante **instinto** de defensa, y cualquiera se siente así en alguna ocasión. Tras la pubertad y la primera juventud, las personas se vuelven menos tímidas, tienen más habilidades sociales y empiezan a estar menos cohibidos.

¿Eres ambivertido?

Las personas no suelen ser totalmente extrovertidas o introvertidas, sino **ambivertidas**: están en un término medio. Un ambivertido puede ser tímido con los extraños y muy seguro de sí mismo y extrovertido con los amigos y la familia.

¿Cuántos amigos debes tener?

A muchas personas les preocupa ser **populares**, especialmente en la pubertad y la juventud.

Los extrovertidos parecen estar rodeados por un enjambre de amigos, mientras que los introvertidos suelen tener sólo un buen amigo. ¿Cuántos amigos debes tener? No importa el número, sino que disfrutes cuando estés con ellos.

Una forma de meditar sobre tu personalidad es decidir si eres **extrovertido** *o* **introvertido**. ¿Prestas más atención al mundo exterior de la gente y las actividades o al mundo

Introvertido

O

Si eres introvertido...

- eres silencioso y reservado
- eres serio y precavido
- eres sensible y reflexivo
- estás a gusto solo

Los introvertidos tienden a **pensar mucho las cosas** antes de hablar y actuar, y saben escuchar a los demás. Son tímidos y silenciosos, y por eso a veces parecen **distantes** o poco amistosos. Se desarrollan bien en empleos que impliquen trabajar de forma independiente, pensar minuciosamente y analizar información.

Ideas, gente, aventura, libros, fiestas ....

interior de las ideas y las experiencias? ¿Prefieres la **animación** y la compañía o te gusta estar contigo mismo, alejado del gentío?

EXTROVERTIDO

SI ERES EXTROVERTIDO...

- eres sociable y comunicativo
- eres aventurero y arriesgado
- eres seguro y asertivo
- te aburres fácilmente

Los extrovertidos están seguros de sí mismos, **hacen amigos fácilmente** y pueden ser muy divertidos. Pero a veces pueden llegar a ser superficiales o pesados. Trabajan mejor en empleos que impliquen reunirse con muchas personas y pueden ser **grandes dirigentes**.

¿LO SABES?

¿Te va la marcha?

A los extrovertidos les encanta ir a **fiestas** y conocer a mucha gente nueva. Es mucho más probable que el "alma de la fiesta" sea un extrovertido. Los extrovertidos son buenos conversadores y pueden llegar a ser populares. Pero, al igual que los introvertidos, es probable que sólo tengan unos pocos amigos íntimos.

¿Buscas emociones fuertes?

Algunos psicólogos creen que los extrovertidos tienen un gen que los hace **menos sensibles** a la estimulación que los introvertidos. Según esta teoría, los introvertidos son estimulados fácilmente y pueden considerar estresantes las situaciones sociales, por lo que evitan a la gente. Los extrovertidos buscan la estimulación para no aburrirse, por lo que practican deportes que implican peligro.

HAZ LA PRUEBA DEL ZUMO DE LIMÓN

Para saber si eres más introvertido que un amigo, echa unas gotas de **zumo de limón** en vuestras lenguas y luego recoge vuestra **saliva** en vasos. Los introvertidos tienden a producir más saliva porque son más sensibles a la estimulación.

¿LO SABES?

¿Parecen diferentes el cerebro masculino y el femenino?

El cerebro del varón es algo mayor que el de la mujer, pero el CI medio de ambos es igual. En las mujeres, la conexión entre las dos mitades del cerebro es algo más marcada. Para algunos, esto implica que las mujeres sean mejores utilizando ambas partes del cerebro juntas.

¿Qué es la testosterona?

Es la hormona sexual masculina: provoca la pubertad en los niños e influye mucho en el comportamiento y la personalidad. Si se administra testosterona a los animales, se vuelven más **agresivos** y **competitivos**. En los seres humanos hace que los varones sean en general más agresivos y competitivos.

Haz la prueba del dedo

La testosterona está en el cuerpo toda la vida, en los niños y en las niñas. Afecta incluso al modo en que un niño se desarrolla antes de nacer. Si hay mucha testosterona fetal, el **anular** puede ser más largo que el índice y es probable que tengas un **cerebro masculino.**

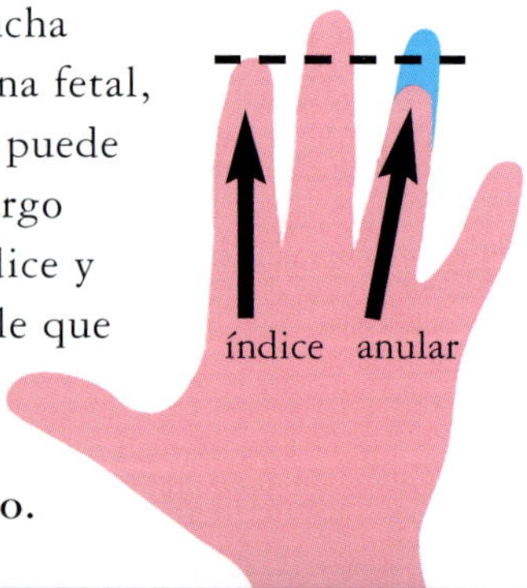

¿Qué SEXO tiene

SI TIENES UN CEREBRO FEMENINO, ERES BUENO PARA:

- tareas que usan la parte izquierda del cerebro, como el lenguaje, la lectura y la escritura
- comprender los sentimientos de la gente
- descubrir cuándo miente alguien
- leer el lenguaje corporal
- darte cuenta del conjunto

Puedes ser una niña que sea buena con tareas masculinas como arreglar ordenadores, o puedes ser un niño con buenas habilidades sociales.

Los psicólogos creen que el cerebro masculino y el femenino tienen habilidades diferentes. Las diferencias no son enormes ni absolutas, sino que se basan en **términos medios**. Los cerebros femeninos suelen ser mejores en las habilidades de **empatía**, como comprender los sentimientos ajenos. Los cerebros masculinos suelen tener más habilidad en las tareas de **sistematización,** como entender el modo en que funcionan las máquinas.

Si tienes un **CEREBRO EQUILIBRADO** eres ***igual de***

mi CEREBRO?

SI TIENES UN CEREBRO MASCULINO, ERES BUENO PARA:

- tareas que usan la parte derecha del cerebro, como pensar en formas y comprender mapas y diagramas
- comprender cuestiones técnicas
- memorizar listas de hechos
- percibir pequeños detalles

Las generalizaciones pueden ser engañosas, porque muy poca gente está en un término medio perfecto.

El sexo es como un **espectro**, con el típico cerebro masculino en un extremo y el típico cerebro femenino en el otro. La zona del espectro que ocupes depende de tus propias capacidades y habilidades. La mayoría de la gente suele estar en el medio, donde las habilidades masculinas y femeninas **se superponen**. Puedes tener entonces una mezcla de típicamente masculinas y femeninas. Por ejemplo, puedes tener grandes habilidades sociales y también ser bueno arreglando ordenadores.

¿LO SABES?

¿Soy una persona empática?

Si se te da bien comprender a la gente y tranquilizarla eres una persona empática. Es una capacidad típicamente femenina. Algunos científicos creen que la evolución ha hecho que las mujeres tengan mejores habilidades sociales (en general) porque tienden a pasar más tiempo que los hombres cuidando de los niños y las familias.

El cerebro masculino extremo

Algunas personas parecen tener un tipo exagerado de cerebro masculino, con capacidad social muy escasa, pero a veces con gran capacidad de sistematizar. Son los **autistas**. Los niños autistas tienen dificultad para relacionarse con otra gente y a veces se interesan obsesivamente en asuntos raros, como memorizar las matrículas.

La prueba de la bici

Para saber si el cerebro de alguien es más o menos masculino, dile que **dibuje una bici** de memoria en 30 segundos. Los hombres tienden a dibujar de forma minuciosa, como la bici azul. Las mujeres suelen dibujar una bici como la rosa, pero a veces le añaden un ciclista.

bueno con las habilidades MASCULINAS y FEMENINAS

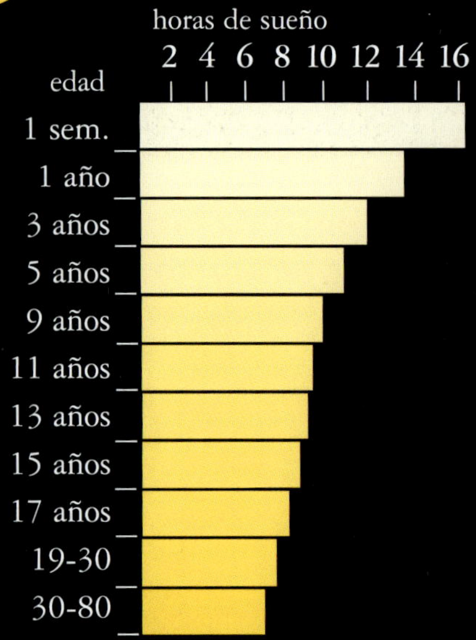

¿Cuánto es suficiente?

Como ves en la gráfica de arriba, se necesita dormir menos a medida que avanza la edad. Los adolescentes necesitan unas **2 horas más** que los adultos y sufren mucho más los efectos de la privación del sueño. Así que no te sorprendas si te resulta difícil levantarte por la mañana.

¿Para qué sirve el sueño?

Pasamos **un tercio** de nuestras vidas dormidos, aunque los expertos aún siguen investigando para qué sirve el sueño. Una teoría es que el sueño permite que nuestros cerebros corrijan los **desequilibrios químicos** que se producen durante el día. Otra teoría es que el sueño permite que el cerebro forme nuevas **conexiones**, almace los recuerdos y desarrolle habilidades.

¿Cuánto tiempo se puede estar sin dormir?

Las ratas mueren antes por deprivación del sueño que por inanición, y quizá nosotros también. El mayor tiempo sin dormir registrado fue de 18 días en un **maratón de mecedoras**. Pero esta afirmación puede ser falsa: es probable que las personas que no duermen de noche den cabezadas de día sin darse cuenta.

Si eres un búho...

- sigues durmiendo pese al despertador
- estás despierto después de medianoche
- te gusta levantarte bien tarde

¿Eres un BÚHO

Si te parece difícil levantarte por la mañana, no significa necesariamente que seas perezoso: puede deberse a tus genes. Los genes influyen mucho en la cantidad de sueño que necesitas, así como la edad.

El cuerpo tiene una especie de  reloj interno que controla tus ritmos diarios. Dice cuándo liberar hormonas que hacen que estés alerta o que te tomes las cosas con calma. Algunas personas tienen un **reloj corporal** tan fiable que hace que se levanten todos los días exactamente a la misma hora.

Una **persona** media tiene un ***reloj interno*** de 24 ***horas*** y 18 ***minutos***

Si eres una alondra...

- saltas de la cama bien pronto
- no te gusta acostarte tarde
- te duermes fácilmente

O una ALONDRA?

El período del reloj varía de una persona a otra y depende en parte de los **genes**. Suele ser de 24 horas y 18 minutos (quizá por eso la mayoría de la gente quiere dormir un poco más por la mañana). Si el período de tu reloj es más corto, eres una **alondra,** alguien lleno de energía a primera hora del día. Si es largo, eres un **búho** y probablemente te guste levantarte tarde.

¿Puedo modificar mi reloj interno?

Al hacer un vuelo largo, el reloj interno se desajusta y sufres el **jet-lag**. El reloj ya no muestra la hora correcta y tienes que ponerlo en hora. La luz brillante puede ayudar. Cuando la luz entra en tus ojos, desencadena una señal que le dice a tu cerebro que es de día. La oscuridad le dice al cerebro que es de noche y que es el momento de secretar las hormonas que ayudan a dormir.

¿Necesito dormir más?

Hacen falta 10-15 minutos para dormirse. Si tardas menos, tienes una **privación de sueño**, lo que indica que no duermes lo suficiente. La privación de sueño hace que estés con el ánimo bajo, con **mal humor**, que aprendas peor y puede producir incluso alucinaciones. En el colegio podrías quedarte dormido en clase. Las personas que conducen pueden dormirse al volante y tener accidentes.

HAZ LA PRUEBA

1 Cuando suena el despertador:

a. ¿Saltas de la cama?
b. ¿Lo apagas y te levantas tranquilamente?
c. ¿Activas la repetición de la alarma?
d. ¿Lo apagas y sigues durmiendo?

2 ¿A qué hora te acuestas el viernes por la noche?

a. 20.00-21.00
b. 21.00-22.00
c. 22.00-23.00
d. Después de las 23.00

3 ¿A qué hora te levantas el sábado por la mañana?

a. Antes de las 9.00
b. 9.00-10.00
c. 10.00-11.00
d. Después de las 11.00

4 ¿Cuánta hambre tienes cuando desayunas?

a. Mucha hambre
b. Sólo un poco de hambre
c. En realidad no tienes hambre, pero haces el esfuerzo de desayunar
d. Te disgusta pensar en comida

5 ¿En qué momento te sientes con más energía?

a. Mañanas
b. Tardes
c. Noches
d. Muy avanzada la noche

6 ¿Cuánto tardas en dormirte?

a. Menos de 10 minutos
b. 10-20 minutos
c. 20-30 minutos
d. Más de 30 minutos

Mira los resultados en la página 96.

¿LO SABES?

¿Qué son las pesadillas?

La parte de nuestro encéfalo que crea las **emociones** está muy activa durante los sueños. Si crea un sentimiento de miedo, el sueño se convierte en **pesadilla**, y el resto de tu encéfalo construye una historia asociada. Puedes pensar que te estás cayendo desde una gran altura o que intentas escapar de algo terrorífico, por ejemplo. Las pesadillas son naturales y todo el mundo las ha tenido, pero disminuye su frecuencia con la edad.

¿Por qué no sé si sueño?

Una de las cosas raras que suceden con los sueños es que cuando tienes uno no puedes decir que es un sueño: incluso aunque pasen las cosas más extrañas. Esto sucede porque en sueños no tienes sensación de **conciencia propia.** Los lóbulos frontales, que crean el sentido del yo, están prácticamente inactivos.

¿Sueñan los animales?

Muchos animales tienen sueño REM, así que quizá sueñen también. Curiosamente, la duración del sueño REM depende de lo inmaduros que sean al nacer. El **ornitorrinco**, que al nacer es diminuto e indefenso, parece soñar durante **8 horas** al día. Es difícil que delfines y reptiles sueñen y los pájaros parecen soñar en cantos: sus ondas cerebrales durante el sueño son las mismas que cuando cantan.

¿Por qué SUEÑO?

Los sueños pueden ser **terroríficos**, estrafalarios y fantásticos, pero ¿para qué sirven? Pese a décadas de investigación, los sueños siguen siendo uno de los mayores misterios del cerebro.

¿Cuándo sueño?

Cuando duermes, tu cerebro pasa por ciclos de actividad que alternan con sueño **profundo** y **superficial** cada 90 minutos. La mayoría de los sueños ocurren en la parte superficial del ciclo, cuando estás casi despierto. En estos períodos, los **ojos se mueven rápidamente** bajo los párpados, como si estuvieras mirando algo. Esto es el sueño REM (del inglés *Rapid Eye Movement,* movimiento ocular rápido). Si despiertas a alguien durante el sueño REM, existe una probabilidad del 80% de que recuerde qué estaba soñando.

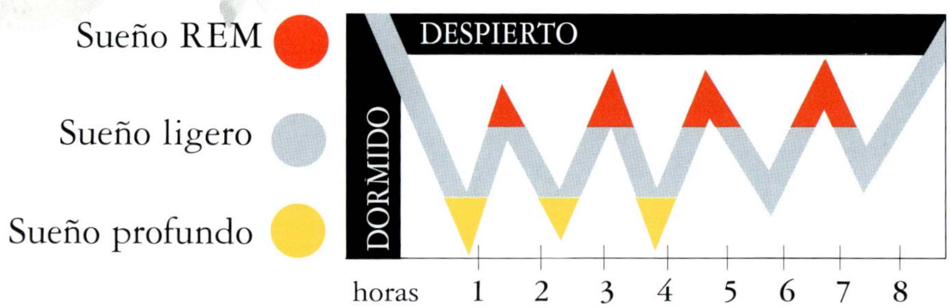

¿Cuánto sueño?

La mayoría de las personas no se dan cuenta de cuánto sueñan. Esto se debe a que, a no ser que te despiertes mientras sueñas, no recordarás nada del sueño y a que **el tiempo distorsiona los sueños.** Si alguien te salpica la cara para despertarte, puedes levantarte pensado que has soñado con la lluvia durante horas. Los científicos calculan que soñamos unas cinco veces por noche, durante **1-2 horas** en total. La mayoría de los sueños se producen en el sueño REM, pero algunos piensan que también podemos soñar en el sueño más profundo.

Pasas unos cinco años de tu vida soñando

¿Valen los sueños para algo?

Hay muchas teorías sobre por qué soñamos, pero la verdad es que nadie lo sabe realmente. Algunos expertos piensan que los sueños ayudan a fijar los **recuerdos**, pero hay gente que nunca sueña y tienen recuerdos perfectamente buenos. Otros expertos indican que los sueños ayudan a ordenar las experiencias del día, pero los fetos pasan casi la mitad del tiempo en la fase REM del sueño, y no tienen experiencias que ordenar. Y si los sueños sólo sirven para ordenar la información, ¿por qué son tan **raros**?

¿Qué significan mis sueños?

El psicoanalista **Sigmund Freud** pensaba que los sueños eran una ventana a nuestros deseos ocultos **inconscientes** y empleó años en hablar a los pacientes sobre sus sueños y en buscarles significados complicados.

La mayoría de la gente piensa ahora que Freud interpretaba demasiado los sueños. Los extraños sucesos de un sueño podrían ser simplemente historias **sin sentido** que el cerebro inventa.

¿Puedo moverme mientras sueño?

Al soñar el cuerpo está literalmente **paralizado**. Es un sistema de seguridad para evitar que interpretes tus sueños. El cerebro sigue enviando mensajes a los músculos e intenta moverlos, pero la **médula espinal** bloquea los mensajes. Estos siguen llegando a los ojos, pulmones y corazón; por eso los ojos se mueven de un lado a otro, y la frecuencia del corazón y la respiración se hacen irregulares. Algunas personas se despiertan parcialmente cuando están aún paralizadas, se sienten como clavadas a la cama, incapaces de moverse, y se sienten **totalmente aterrorizadas**.

unas 1.825 veces al año

¿LO SABES?

¿Qué es una sacudida?

¿Alguna vez has soñado que te caes y sólo te despiertas con una sacudida justo antes de chocar con el suelo? Esto suele ocurrir cuando estás a punto de dormirte, y se llama **sobresalto hipnagógico**. Se debe a que tu cerebro se despierta de nuevo repentinamente.

¿Por qué hay sonámbulos?

Algunas personas salen de la cama y caminan estando profundamente dormidos: son **sonámbulos**. No interpretan sus sueños. De hecho, no están soñando. El sonambulismo suele suceder cuando un ciclo de sueño muy profundo llega a su fin. Muchas personas se mueven en la cama o farfullan en este momento, pero los sonámbulos se levantan y andan. Los científicos que estudian el sueño lo llaman **despertar parcial**, porque el cerebro está en despierto y dormido a medias.

Lleva un diario de sueños

Es difícil recordar los sueños, pero si los escribes en cuanto te despiertas, tus notas te ayudarán a recordarlos más tarde. Intenta responder estas preguntas cuando anotes tus sueños:

- **¿Sueñas en colores?**
- **¿Oyes en los sueños?**
- **¿Controlas los sueños?**
- **¿Puedes volar en sueños?**
- **¿Qué emociones sientes?**
- **¿Puedes sentir el tiempo?**

¿Puedes controlar tus EMOCIONES?

MIEDO

El miedo hace que las cejas suban y que se abran los párpados, enseñando el blanco del ojo que está por encima del iris. Al mismo tiempo, los párpados inferiores bajan. La boca se abre en un grito y los labios se tensan hacia atrás. Parte de la sangre sale de la piel y esta se vuelve pálida.

IRA

Los músculos llevan las cejas hacia abajo y adentro, y se producen arrugas verticales entre ellas. Los ojos se estrechan y adoptan una expresión **fulminante** que persiste. La boca puede fruncirse o abrirse y se puede gruñir con furia, enseñando los dientes. Llega mucha sangre a la cara, que se pone roja.

ALEGRÍA

En una sonrisa verdadera interviene toda la cara: las mejillas suben y se forman patas de gallo a los lados de los ojos y bolsas bajo ellos. La boca se abre y el labio superior se retrae, mostrando los dientes superiores. La sonrisa envía **señales** al cerebro que intensifican la sensación de alegría.

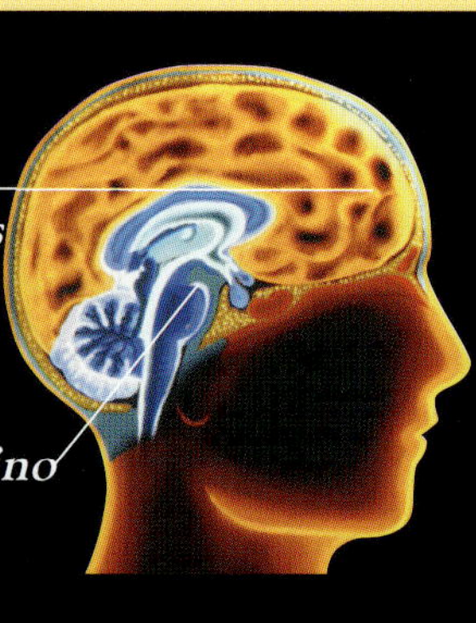

¡Vaya genio!

Una parte del encéfalo, el **núcleo amigdalino**, genera las emociones intensas. Las partes más avanzadas del cerebro, los **lóbulos frontales**, actúan como un policía que permite ocultar las emociones y no actuar necesariamente en función de ellas. Los lóbulos frontales tardan mucho tiempo en desarrollarse y alcanzan la madurez hacia los veinte años. Por eso los niños y jóvenes tienden a tener **berrinches** y arrebatos de genio. Sus núcleos amigdalinos generan emociones intensas, pero los lóbulos frontales no son bastante maduros para controlarlas.

La forma en que expresamos **emociones** con el rostro es la misma **en todo el mundo:** una sonrisa significa lo mismo en el desierto del Sahara que en la jungla amazónica. Los psicólogos creen que hay 6 emociones principales, cada una con una expresión facial característica. Estas expresiones están **programadas** en nuestros cerebros por los genes.

Como los colores primarios, las emociones **se mezclan**

SORPRESA

La sorpresa puede parecerse al miedo, pero hay diferencias sutiles. Las cejas no sólo suben sino que se arquean mucho. La boca parece relajada y los ojos abiertos, mostrando el blanco del ojo. Es difícil ocultar la sorpresa, aunque sí se puede disimular el miedo.

TRISTEZA

En una cara triste, las comisuras de la boca bajan y el extremo interno de las cejas sube, creando una forma triangula alrededor de la nariz, con arrugas por arriba. Los ojos pueden enrojecerse como preparación para el llanto, pero con frecuencia una persona triste se aparta o se cubre la cara para esconder este signo revelador.

AVERSIÓN

Cuando una persona siente mucha aversión se producen arrugas profundas en el puente de la nariz y la frente. Los ojos se estrechan, las cejas descienden y la mejillas suben. El aspecto de una repulsión intensa en la cara de alguien despierta el mismo **sentimiento** en quien la mira.

Llevar un diario de sentimientos

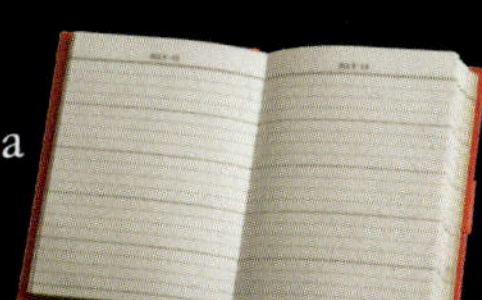

Las emociones no siempre son precisas: puedes ser muy nervioso y reaccionar a veces de forma desproporcionada. Haz este ejercicio para saber hasta qué punto son fiables tus emociones.

- Cuando tengas un sentimiento intenso sobre algo, intenta saber qué sentimiento es y qué lo produjo. Escribe tus conclusiones en un "diario de sentimientos". Sigue haciendo esto cada vez que tengas un sentimiento intenso.
- Días después, lee lo que escribiste. ¿Estaban justificados tus sentimientos? Escribe en el diario cualquier comentario.
- Tras dos o tres semanas, revisa el diario. ¿Tus sentimientos eran adecuados o exagerados? ¿Algunos sentimientos son más fiables que otros? Toma nota de en qué medida debes confiar en tus sentimientos en el futuro.

¿Qué te da MIEDO?

Las **emociones intensas** como el miedo, la ira, la sorpresa y la aversión son **instintos** básicos que protegen del peligro y ayudan a sobrevivir. No sólo afectan al estado mental, sino que preparan a todo el cuerpo para la acción y provocan un estado conocido como **alerta**. Esto ocurre de forma tan rápida que el cuerpo está en alerta roja incluso antes de que hayas podido pensar en lo que está pasando.

¿CÓMO AFECTA AL CUERPO EL MIEDO?

El sistema digestivo queda en suspenso y la sangre sale hacia los músculos, dando sensación de malestar en el estómago. La adrenalina estimula el intestino. En animales salvajes, este reflejo hace que se pierda peso para facilitar la huida.

Tus ojos se abren y parecen brillar.

La sangre va a los músculos.

Aumenta de pronto la frecuencia de la **respiración** y sientes que te falta el aire

El corazón late más rápido, y lo notas palpitar. Así el corazón envía más oxígeno a los músculos.

EL PRIMER SEGUNDO

El miedo es la emoción más potente. Las reacciones instintivas son vitales, de modo que la vía del miedo sigue un **cortocirculito** en tu cerebro y pasa por alto la conciencia. Esto pasa en el primer segundo, cuando te embarga el terror:

1. Una señal pasa de los ojos o los oídos al **sistema límbico**, que hace un análisis muy rápido y envía una señal de peligro al cuerpo.

2. El sistema nervioso y la **adrenalina**, una hormona, ponen en alerta máxima al cuerpo. Este manda señales a los **lóbulos frontales** y entonces sientes miedo.

3. Una señal más lenta de tus ojos o tus oídos va a la **corteza sensorial**, que determina lo que has visto realmente y manda un mensaje a los lóbulos frontales.

4. Los lóbulos frontales usan el **pensamiento** y la **memoria** para decidir si la amenaza es realmente peligrosa. De no serlo, envían señales al sistema límbico para que haga que el cuerpo se calme.

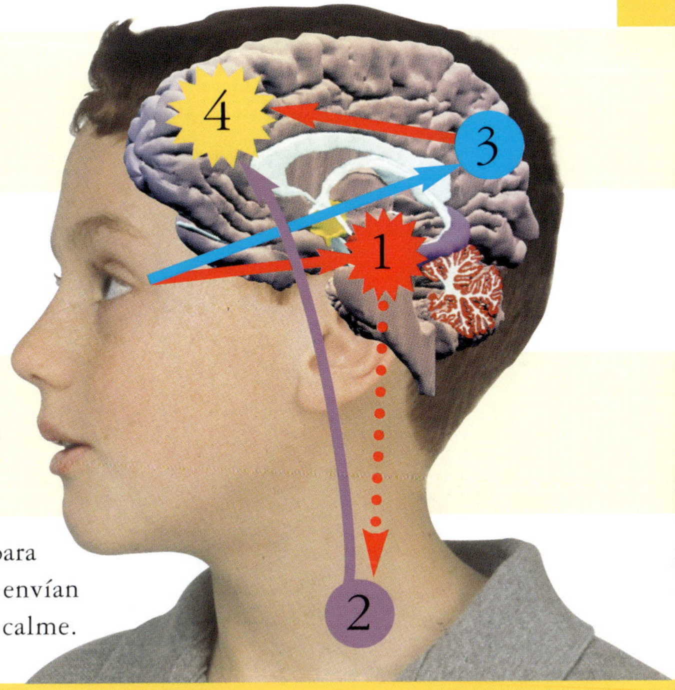

El miedo tiene un efecto profundo e instantáneo sobre todo tu cuerpo. Aumenta el nivel de alerta estimulando el **sistema nervioso simpático**. Este prepara al corazón, los pulmones y los músculos para la acción. La **adrenalina**, una hormona, tiene el mismo efecto pero persiste en la sangre y hace que te sientas temblar una vez que pasa el peligro.

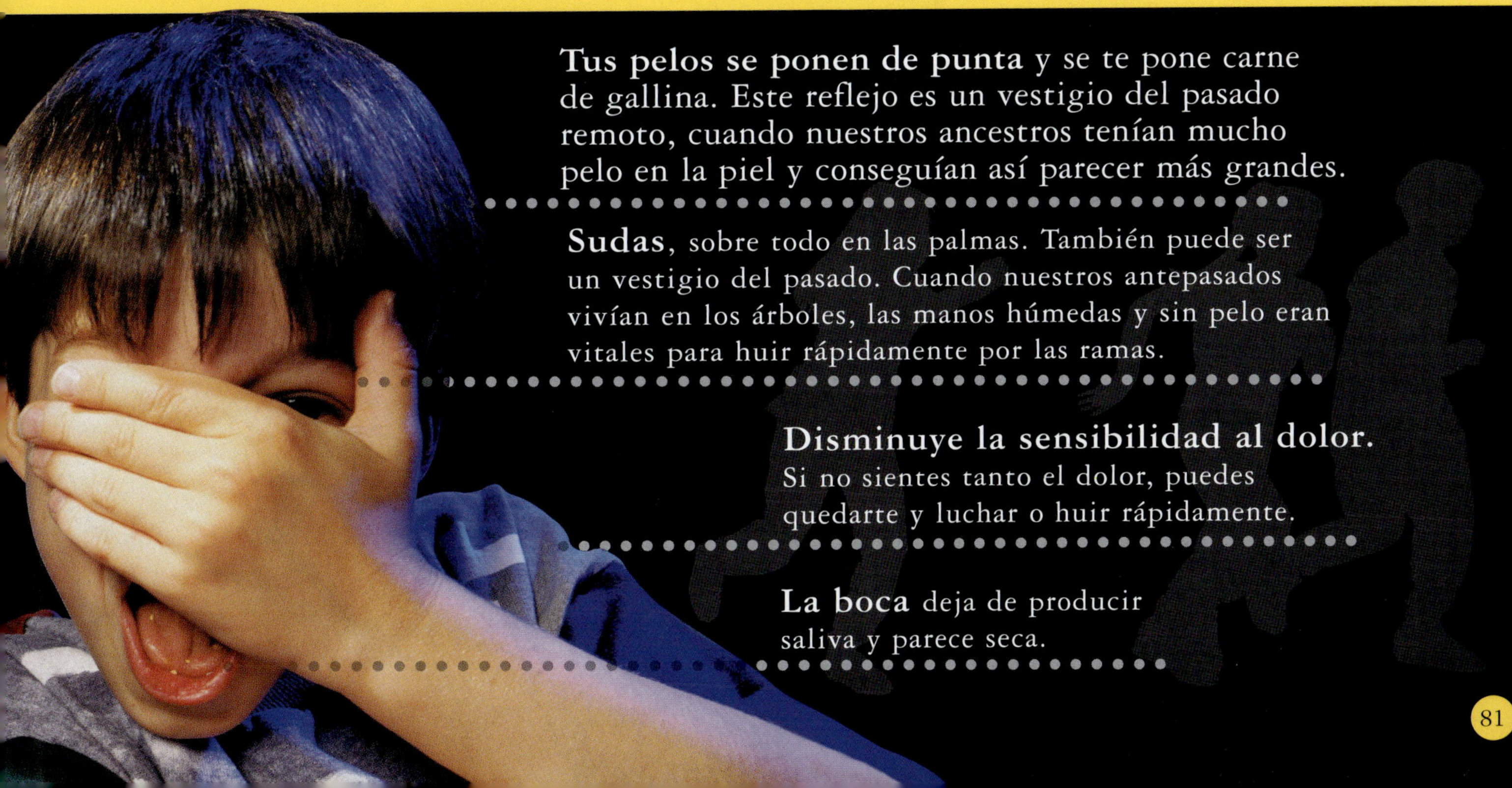

Tus pelos se ponen de punta y se te pone carne de gallina. Este reflejo es un vestigio del pasado remoto, cuando nuestros ancestros tenían mucho pelo en la piel y conseguían así parecer más grandes.

Sudas, sobre todo en las palmas. También puede ser un vestigio del pasado. Cuando nuestros antepasados vivían en los árboles, las manos húmedas y sin pelo eran vitales para huir rápidamente por las ramas.

Disminuye la sensibilidad al dolor. Si no sientes tanto el dolor, puedes quedarte y luchar o huir rápidamente.

La boca deja de producir saliva y parece seca.

¿Tienes una

Una fobia es como una *alarma de un coche* que se dispara por accidente

¿Qué es una fobia?

Alguien que tiene una **fobia específica** sufre un sentimiento de terror cuando ve cierto estímulo, como una serpiente o una araña. Antes de que tenga tiempo de pensar, el **sistema límbico** del encéfalo pone al cuerpo en alerta máxima y produce todos los síntomas del miedo, como taquicardia, estómago revuelto y sentimiento de **terror** completo.

¿Por qué serpientes y arañas?

Las personas tienen una tendencia innata a desarrollar fobias a los **animales**. Los psicólogos creen que se debe a que los animales venenosos o agresivos eran peligros graves en nuestro pasado distante y que seguimos portando los genes que desencadenan el miedo a ellos.

¿Por qué son irracionales las fobias?

El miedo se produce por debajo del nivel del pensamiento consciente; por esto las fobias pueden ser desencadenadas por cosas que sabemos que no son realmente peligrosas. Es posible suprimir el sentimiento de miedo con el pensamiento, pero la **reacción inicial** instintiva es difícil de prevenir.

fobia?

¿Cómo se adquiere una fobia?

Según algunas encuestas, una de cada 10 personas tiene una fobia. Los gemelos idénticos tienen con frecuencia la misma fobia, lo que sugiere que los genes intervienen en la producción de fobias. Pero probablemente la mayoría de las fobias son aprendidas. De niños, aprendemos a **temer observando a otras personas**. Si vemos que alguien reacciona con terror a algo, es muy probable que también empecemos a temerlo.

¿Tienes...

... miedo a las arañas, la sangre o la altura? La mayoría de las fobias verdaderas se refieren a animales, enfermedades o situaciones peligrosas.

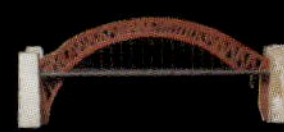

Gefirofobia: miedo a cruzar puentes

Aerofobia: miedo a volar

Musofobia: miedo a las ratas

Mirmecofobia: miedo a las hormigas

Batraciofobia: miedo a las ranas, sapos y tritones

Acrofobia: miedo a las alturas

Amaxofobia: miedo a los vehículos

Alectorofobia: miedo a las gallinas

Aracnofobia: miedo a las arañas

Ictiofobia: miedo a los peces

Ailurofobia: miedo a los gatos

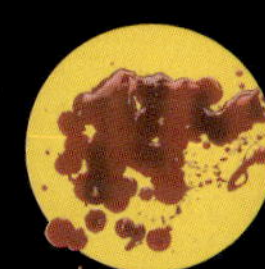

Hemofobia: miedo a la sangre

Algunas "fobias" sólo son aversiones. Las fobias siguientes no producen miedo auténtico:

Pogonofobia: miedo a las barbas

Xantofobia: miedo a lo amarillo

Cronometrofobia: miedo a los relojes

Blenofobia: miedo a sonreír

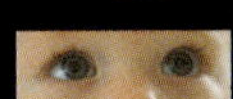

Escopofobia: miedo a ser mirado fijamente

8

Octofobia: miedo al número 8

Panfobia: miedo a todo

Araquibutirofobia: miedo a que la mantequilla de cacahuete se pegue al paladar

Iofobia: miedo a los venenos y al óxido

Didascaleinofobia: miedo a ir al colegio

Pteronofobia: miedo a que te hagan cosquillas con plumas

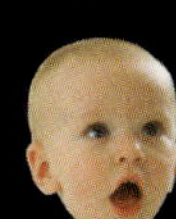

Geniofobia: miedo a las barbillas

CÓMO DESCUBRIR A UN MENTIROSO

La gente miente de palabra y usa expresiones y gestos falsos. Hay algunas claves reveladoras:

RUBOR

Algunas personas se ruborizan de forma involuntaria cuando mienten o se avergüenzan de que las descubran.

Microexpresiones

Los mentirosos expertos pueden parecer felices o tristes, pero si observas con cuidado puedes ver que expresiones verdaderas aparecen de forma fugaz (durante menos de 1/5 de segundo).

Expresiones anuladas

Los mentirosos menos hábiles intentan a veces **suprimir** las expresiones faciales, como una sonrisita.

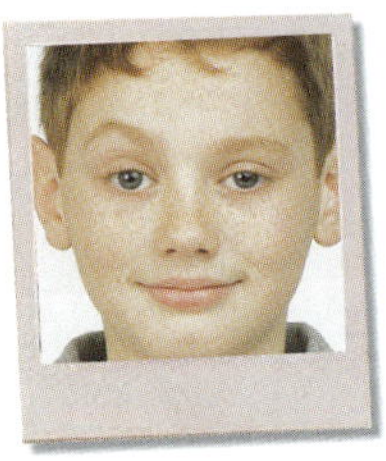

Músculos sinceros

Algunos músculos de la cara son más sinceros que otros, sobre todo los que rodean las **cejas**. Un mentiroso puede estar sonriendo, pero una ceja está levantada o torcida porque se siente incómodo.

Tocarse la cara

Los niños pequeños se cubren a veces la boca cuando mienten. Los adultos y niños mayores usan gestos similares pero más sutiles, como tocarse la nariz o el labio.

¿Puedes leer las CARAS?

Cabeza En general es fácil interpretar los movimientos de la cabeza. Si está algo inclinada puede ser un signo de **interés**, mientras que si se apoya en la mano indica aburrimiento. Volver la cabeza puede ser signo de rechazo, pero también de concentración. Si alguien echa algo hacia atrás la cabeza, puede significar que se cree **superior**.

Ojos Los ojos dicen mucho. Si sigues la mirada de alguien, podrás ver en qué está pensando. Si alguien está nervioso, sus pupilas se **dilatan**, y esto no se puede controlar. Mostrar la parte blanca de encima del iris es signo de miedo o de una impresión grande. Echar los ojos hacia atrás para enseñar la parte inferior del blanco del ojo es un signo de **desprecio**, que se suele hacer secretamente a espaldas de la persona.

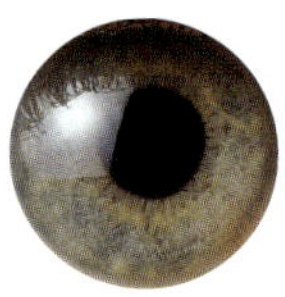

Pupila normal

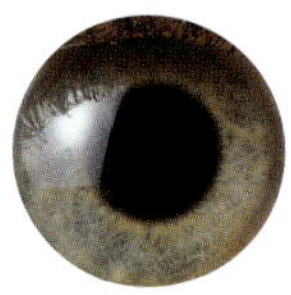

Pupila dilatada

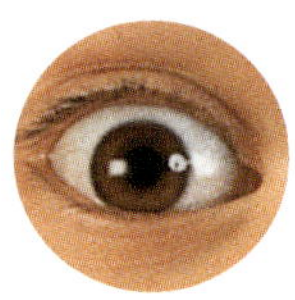

Blanco del ojo expuesto

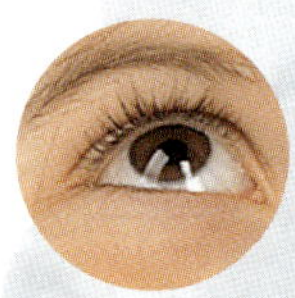

Levantar la vista

Boca Sus movimientos intervienen en muchas expresiones obvias, como la sonrisa, pero también pueden mostrar sentimientos ocultos. Los labios fruncidos muestran la **ira contenida**, por ejemplo, y un bostezo puede ser un signo de miedo o nervios más que de cansancio. Chupar un boli o morderse las uñas puede indicar tensión, y las sonrisas asimétricas muestran falta de interés.

Sonrisa

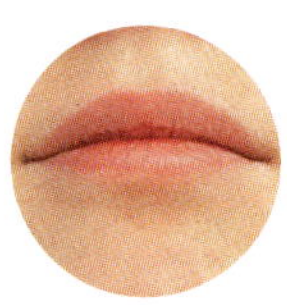

Labios finos

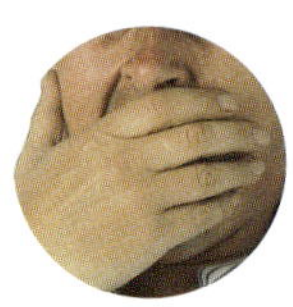

Bostezo

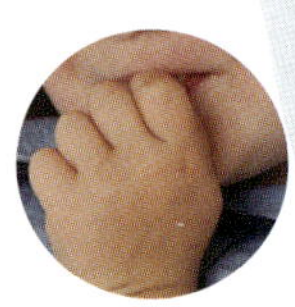

Uñas mordidas

Los psicólogos calculan que tenemos unas 7.000 expresiones faciales diferentes, y estas pueden ir y venir por nuestra cara a una velocidad sorprendente, sin que seamos conscientes. En gran medida, nuestras habilidades sociales dependen de nuestra capacidad de leer la cara de la gente y descodificar sus pensamientos y sentimientos internos, especialmente cuando ocultan algo o no son sinceros.

Contacto ocular Es la clave para una buena comunicación, pero ¿qué medida es la adecuada? Un contacto visual prolongado puede ser signo de agresión o **atracción;** si es muy breve, puede indicar falsedad, timidez o desagrado. En la mayoría de las conversaciones, el contacto visual es un ir y venir, con pausas frecuentes. Cuando las personas **coquetean**, el contacto visual dura más y los ojos recorren la cara.

Las cejas son las partes más sinceras de la cara. Mira la piel que está por encima de ellas y entre ellas: cuando alguien está preocupado o inquieto, aparecen pequeñas arrugas sin que sea consciente de ellas.

Los párpados muestran varias emociones. Un parpadeo rápido indica tensión o fascinación, pero el parpadeo puede detenerse si alguien miente o está enfadado.

Ceja levantada *Ceño fruncido* *Parpadeo*

Nariz Sus movimientos suelen mostrar emociones negativas. Si la nariz y las cejas se fruncen mucho, la persona está indignada. Si se fruncen poco, muestran desagrado. Una nariz torcida hacia un lado indica desacuerdo. Si las aletas de la nariz de una persona se abren, pueden indicar que te encuentran **atractivo**.

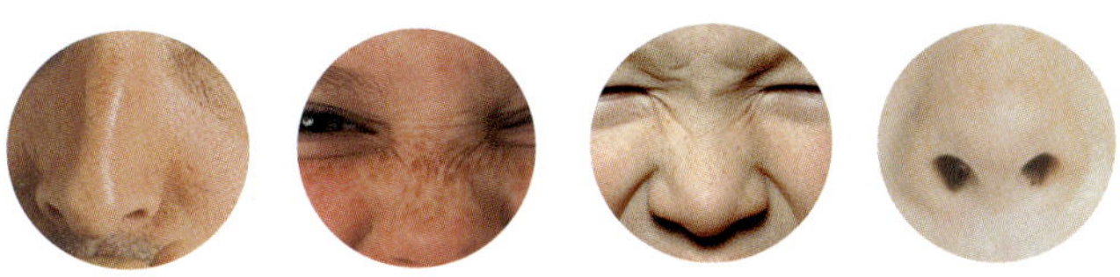

Torcida a un lado *Algo fruncida* *Muy fruncida* *Aletas abiertas*

Cómo descubrir una sonrisa falsa

Un truco para descubrir una sonrisa falsa es mirar los ojos de quien sonríe.

- Una sonrisa real abarca **toda la cara:** levanta las mejillas y hace que los ojos se frunzan.
- Se forman patas de gallo a los lados de los ojos y bolsas bajo ellos, y las cejas bajan. En una sonrisa falsa, la boca se mueve pero los ojos se mantienen **fríos y neutrales**.
- Las sonrisas falsas tienden a estar algo mal calculadas. Pueden aparecer demasiado rápido y **terminar de repente**. También pueden ser demasiado largas (sonrisa congelada) o cortas.
- Las sonrisas reales suelen ser muy **simétricas**, pero las sonrisas falsas pueden parecer **torcidas** y desagradables.

¿Puedes descubrir alguna mentira?

Mira las respuestas en la página 96.

¿Qué es tu LENGUAJE CORPORAL?

Tener las cabezas frente a frente pero los cuerpos girados puede ser un signo de conflicto.

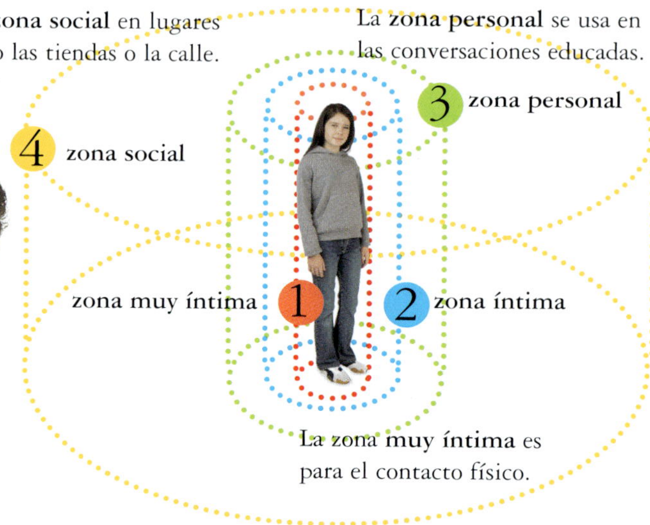

Espacio personal

La cercanía que permitimos a otras personas depende de cuánto las conozcamos. Los extraños suelen estar en la zona social o la personal. Sólo los mejores amigos y la familia pueden entrar en las zonas íntimas. Los límites de esas zonas dependen de la personalidad y de la cultura.

Las palabras y las expresiones faciales no son el único modo de **comunicarse:** también usamos el cuerpo. Hay gestos deliberados, pero gran parte de nuestro lenguaje corporal es **inconsciente**. Desciframos

Este chico tiene una postura relajada y **abierta,** un signo de confianza o de arrogancia.

Los políticos usan mucho las **manos** en sus discursos.

Esconder las manos y mirar abajo son signos de sumisión.

Estas chicas no son conscientes de que se están imitando.

DOMINACIÓN

Alguien que se siente superior o **fuerte** muestra una postura relajada. Es normal relajarse con los amigos y la familia, pero con personas extrañas puede parecer chulería.

SUMISIÓN

La sumisión es lo contrario de la dominación. Una persona sumisa se queda quieta o de pie, con las manos sujetas.

IMITACIÓN

Cuando dos personas se sienten muy bien, a menudo **imitan** el lenguaje corporal de la otra sin darse cuenta.

Al poner sus cuerpos de frente, estas dos personas **excluyen** a la tercera.

Además de volverse hacia la otra, estas chicas se apuntan con los pies. El chico se siente apartado.

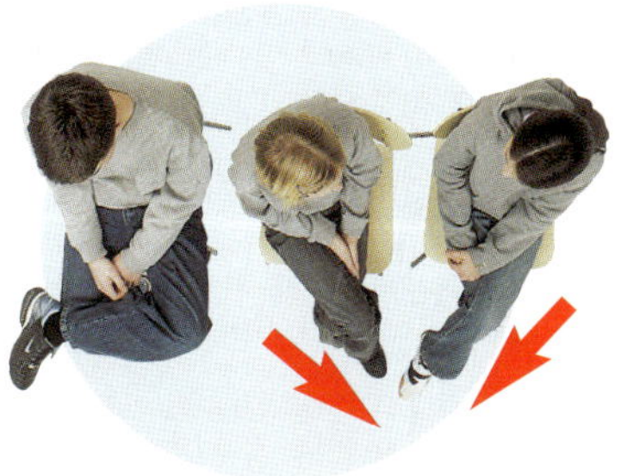

A esta chica le gusta secretamente el chico pelirrojo

Agresión

Cuando se prepara una pelea, los chicos se ponen **en guardia**, con las caras enfrentadas y los cuerpos algo girados. Su mirada es fulminante y dejan de parpadear.

SEÑALAR CON EL CUERPO

En una situación social, como una fiesta, la dirección de las caras es importante. Dos personas pueden hacer que una tercera se sienta **fuera de lugar** colocando los cuerpos uno frente a otro. Aunque de vez en cuando vuelvan la cabeza para ser educados, la tercera persona se sentirá excluida e incómoda. Involuntariamente se puede señalar con una parte del cuerpo hacia alguien o algo en los que se está pensando en secreto.

el lenguaje corporal inconscientemente: puedes sentir si le agradas o desagradas a alguien sin saber por qué. El lenguaje coporal envía **señales intensas**, y puede ser una vía a tus sentimientos secretos.

FALSEDAD

En general las personas se sienten incómodas cuando mienten, y esto hace que se estén **inquietos** o se toquen. Se tocan la cara y también pueden moverse en la silla o mover un pie sin descanso.

DEFENSIVIDAD

Cuando una persona se siente ansiosa o a la defensiva, adopta inconscientemente posturas **cerradas**. Los pies cruzados indican que alguien oculta sentimientos negativos. La postura del centro es típicamente femenina y muestra una actitud defensiva.

¿LO SABES?

¿Cómo aprendí a hablar?

Los niños tienen una capacidad **instintiva** para captar el lenguaje sin ser enseñados. Oyen atentamente las voces, incluso en el útero. Al nacer, pueden balbucear todas las vocales y las consonantes de todas las lenguas del mundo, pero a los 6 meses esta capacidad se reduce al lenguaje que oyen. A los 3 años ya han aprendido las mayoría de las palabras importantes de esta lengua.

¿De dónde viene mi acento?

La lengua que hablas y tu acento depende de **donde vivas**. La mayoría de la gente toma el acento (así como las palabras de argot) de sus amigos más que de sus padres, y así pueden hablar de forma muy distinta a como lo hacen con sus padres. En la infancia, puedes aprender cualquier acento y lengua con fluidez, pero a los 11 años los circuitos cerebrales que captan los nuevos sonidos se atrofian. Por eso, es probable que el acento que tienes te dure toda la vida.

¿Se te da bien el LENGUAJE?

Tus genes son el aparato básico que necesitas para hablar, pero casi todo lo que respecta al modo en que hablas depende de tu educación, desde el **acento** y el **lenguaje** a las **palabras** que usas, e incluso el sentido del humor.

¿De dónde viene mi voz?

Tu voz procede de las **cuerdas vocales,** dos cuerdas de tejido que vibran en la laringe, en la parte profunda de la garganta. Si **tocas tu garganta** mientras hablas, sentirás cómo vibran las cuerdas vocales. Haz lo mismo cuando cuchicheas y no sentirás nada, porque sólo estás usando la boca para producir sonidos. Tu boca también es vital para hablar; produce el sonido de las vocales (mírate en un espejo cuando dices **ooo, eee, aaa**). Usas los labios, la lengua y los dientes para las consonantess. Intenta leer esta frase en voz alta sin cerrar los labios y verás por qué.

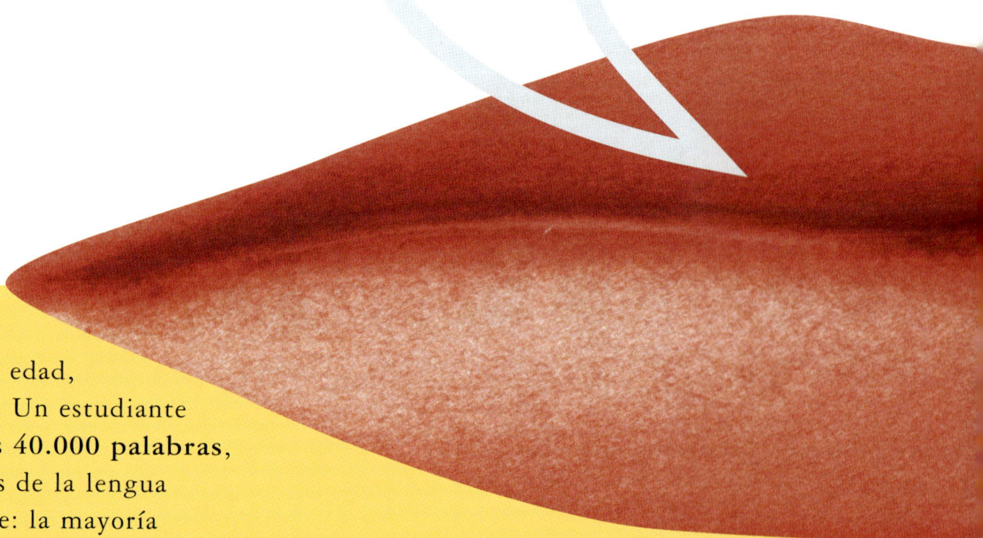

¿Es grande mi vocabulario?

Las palabras que conoces dependen de tu edad, de cuánto leas y de la lengua que hables. Un estudiante universitario estadounidense conoce unas **40.000 palabras,** apenas 1/10 del número total de palabras de la lengua inglesa. Pese a ello, es más que suficiente: la mayoría de la gente sólo usa mil o dos mil palabras en la vida diaria.

¡Un leopardo

¿Pueden hablar los animales?

Los animales se comunican de muchas formas: gruñen, cantan, chillan, emiten olores y usan todo tipo de lenguajes corporales. Algunos animales, como los suricatos, tienen un pequeño **vocabulario** para avisar a los otros de que hay predadores, como águilas, leopardos y serpientes.

Hay algo que sólo tienen los seres humanos: la gramática. Con sus reglas podemos combinar palabras para formar frases, cada una con un significado único que se entiende claramente.

La única voz que no conseguirás oír adecuadamente es *la tuya*

¿A qué suena mi voz?

Oyes en parte tu voz como vibraciones de tu cráneo, de modo que nunca podrás oírla adecuadamente. Graba tu voz y escúchala para saber cómo suena en realidad. El sonido básico y el tono de tu voz dependen del tamaño y la forma de tu laringe y tu boca. Pero las vocales y las consonantes que puedes decir dependen de tu lenguaje y cultura.

¿LO SABES?

¿Para qué sirven los gestos?

Para ver la importancia de los gestos de las manos en el habla, intenta describir una espiral sólo con palabras o deja quietas las manos cuando hables por teléfono. Aprendemos los gestos **imitando** inconscientemente a la gente que nos ha rodeado mientras crecíamos. Es probable que hayas copiado de tu familia la forma de andar, estar de pie, sentarte y mover las manos.

¿Qué te hace reír?

El sentido del humor, como el acento y el lenguaje, proceden del medio donde creciste y no de tus genes. La risa es una parte vital de la comunicación, porque refuerza los lazos sociales. Algunos científicos creen que tiene el mismo efecto que el **acicalamiento** en los monos: estos pasan varias horas al día arreglando el pelo de sus familiares y amigos. De este modo, el cerebro libera sustancias químicas llamadas **endorfinas**, que alivian la tensión.

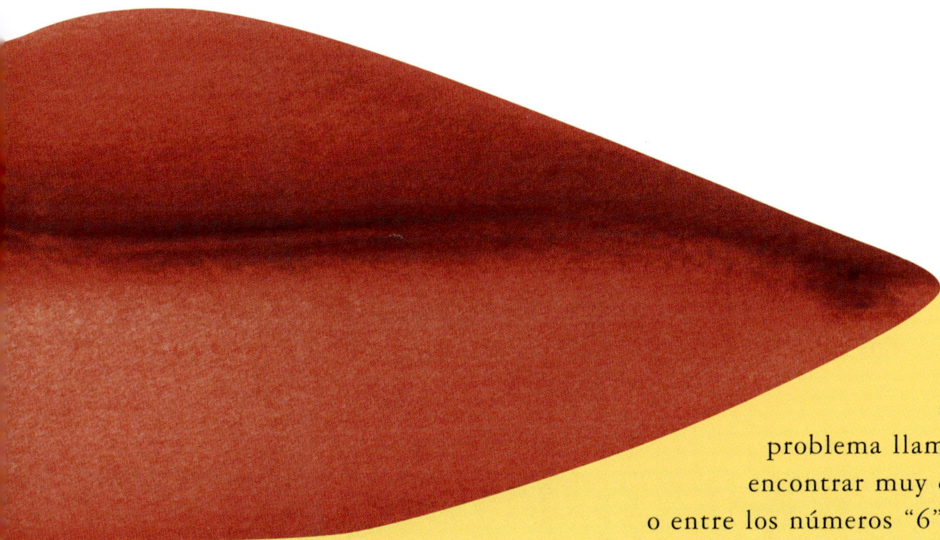

¿Qué es la dislexia?

A algunas personas les resulta muy difícil aprender a leer y escribir porque tienen un problema llamado **dislexia**. Una persona disléxica puede encontrar muy difícil diferenciar entre las letras “b” y “d” o entre los números “6” y “9”, por ejemplo. Los disléxicos son tan inteligentes como otros y con frecuencia tienen mucho éxito en la vida.

¿Qué APTITUDES tengo?

Usa tus APTITUDES

Desarrollar tus CAPACIDADES tiene que ver con conocer en qué eres bueno y usar tus aptitudes. Los psicólogos reconocen que hay al menos siete campos de capacidad natural o "inteligencia". ¿Qué **habilidades** tienes?

- **Interpersonal** ¿Percibes rápidamente lo que otras personas piensan o sienten?
- **Intrapersonal** ¿Comprendes realmente tus propios sentimientos y emociones: te conoces a ti mismo?
- **Física** ¿Dominas rápidamente actividades físicas como conducir, esquiar, hacer deportes o aprender nuevos pasos de baile?
- **Musical** ¿Puedes tararear una canción después de oírla una vez y puedes cantar bien?
- **Espacial** ¿Te parece fácil interpretar máquinas y arreglar máquinas?
- **Verbal** ¿Eres un gran lector o se te da bien escribir?
- **Lógica** ¿Te parecen fáciles de entender las matemáticas o los ordenadores?

¿Cuáles son mis PUNTOS FLACOS?

A menudo no importa si algo se te da mal. Sin embargo, hay algunos aspectos de las habilidades que son importantes para cualquier persona y que es preciso desarrollar. Todos entramos en contacto con otras personas en casa, en el trabajo o el colegio: por eso las relaciones interpersonales son tan importantes. Las personas con buenas habilidades interpersonales tienen **ventaja** en la vida y a menudo prosperan en su profesión más rápidamente. Es posible que la gente con menos habilidades tenga que luchar por tener éxito, a no ser que aprendan a comportarse de forma más sociable. Afortunadamente, estas habilidades se pueden aprender, y en realidad la mayoría de nosotros las aprendemos a medida que crecemos y maduramos.

¿Puedo tener ÉXITO?

Sólo necesitas dos cosas para tener éxito: cierta cantidad de habilidad natural y buena disposición para **perseverar**. Incluso los genios tienen que trabajar mucho para tener éxito. Como dijo el inventor Thomas Edison, "el genio es un 1% de inspiración y un 99% de transpiración". Mozart, el compositor, fue un genio musical, pero sólo después de varios años de aprendizaje. De hecho, a los 12 años ya llevaba 5 años interpretando. Albert Einstein leyó durante su infancia libros muy difíciles sobre matemáticas y filosofía. El genio real no sólo implica trabajo y esfuerzo, sino que también requiere **pensamiento creativo** e imaginación. Un genio rompe el molde y descubre nuevas formas de hacer las cosas que el resto de la gente copia. ¿Cuál es, entonces, el secreto de la creatividad? Los psicólogos calculan que hacen falta unas **10.000 horas** de práctica de algo para llegar a ser tan bueno que realmente se pueda ser creativo. Parece mucho, pero en realidad son sólo 5 años.

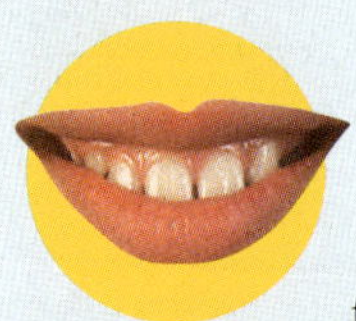

¿Cuál es el secreto de la FELICIDAD?

¿Para qué sirve el éxito si no te hace feliz? Lo que la mayoría de la gente más desea en la vida es ser **feliz**. Durante miles de años las personas han buscado el secreto de la felicidad. Recientemente los psicólogos se han unido a esa búsqueda. Si las investigaciones son adecuadas, el secreto de la felicidad es realmente muy simple. En primer lugar, te ayuda el que disfrutes estando con la gente y no pases demasiado tiempo solo. En segundo lugar, es más probable que seas feliz si tus expectativas no son demasido altas. Y, por último, no te olvides de ver el lado bueno de las cosas.

El secreto del ***éxito*** es saber en qué

¿Te sientes destinado a la **FAMA** y la **FORTUNA**, o te preocupa no poder usar tus habilidades para obtener el éxito que te mereces?

eres bueno y utilizar tus CAPACIDADES

GLOSARIO

ADN: Ácido desoxirribonucleico. Molécula helicoidal muy larga que contiene los genes como un código químico.

Adolescencia: Período de la vida entre la infancia y la edad adulta.

Adrenalina: Hormona de la "lucha o huida", que prepara al cuerpo para una acción rápida.

Alergeno: Proteína dañina (o complejo de proteína e hidrato de carbono) que puede provocar al sistema inmunitario y causar alergia. El polen es un alergeno frecuente.

Alergia: Reacción anormal del sistema inmunitario ante sustancias inocuas, como el polen o el polvo.

Anticuerpo: Proteína formada por ciertos tipos de leucocitos. Cada tipo de anticuerpo tiene una forma que le permite unirse a gérmenes específicos.

Arteria: Vaso sanguíneo de pared gruesa que contiene la sangre que sale del corazón.

Articulación: Zona de unión entre dos huesos.

Átomo: Partícula diminuta de materia que no puede dividirse (excepto en una explosión nuclear).

Bacterias: Microorganismos unicelulares microscópicos frecuentes en todos los seres vivos o en la materia orgánica muerta. Algunas causan enfermedades.

Capilar: Vaso sanguíneo microscópico a través del cual la sangre llega a todas las células del cuerpo.

Carbono: Uno de los principales elementos del cuerpo humano. Los átomos de carbono se unen para formar cadenas largas en las moléculas orgánicas.

Célula: Una de las estructuras microscópicas básicas que conforman los organismos vivos. Normalmente tienen un líquido gelatinoso y una membrana externa.

Cerebelo: Estructura en forma de coliflor situada en la parte posterior del encéfalo. Tiene un papel importante en el equilibrio y coordina los movimientos musculares.

CI: Coeficiente intelectual. Determinación de la inteligencia derivada de una prueba de las capacidades numéricas, espaciales y verbales.

Clon: Organismo que ha crecido a partir de una célula de otro organismo y es genéticamente idéntico a él. Los gemelos idénticos son clones naturales.

Consciente: Persona despierta y que percibe el mundo.

Corteza cerebral: Parte ondulada externa del cerebro.

Corteza sensorial: Parte del cerebro que procesa la información procedente de los sentidos.

Cromosoma: Grupo de estructuras microscópicas del interior de las células que contienen el ADN.

Dominante: Gen que domina a otro gen. También se refiere a una persona que actúa de forma autoritaria y apabullante.

Elemento: Sustancia química que no puede dividirse en otras más pequeñas.

Embrión: Fase más precoz del desarrollo de una planta o un animal.

Endorfina: Tipo de neurotransmisor que alivia el dolor cuando se libera en el encéfalo.

Enzima: Proteína que acelera una reacción química particular. Las enzimas digestivas aceleran las reacciones que dividen las moléculas orgánicas grandes en fragmentos menores.

Espermatozoide: Célula sexual masculina, producida por los testículos.

Fecundación: Fusión del espermatozoide y el óvulo para crear un nuevo individuo.

Gen: Instrucción que porta una molécula de ADN. Los genes pasan de padres a hijos durante la reproducción.

Gen recesivo: Gen superado por un gen dominante.

Genoma: Conjunto completo de genes de un organismo.

Germen: Microorganismo microscópico que puede producir enfermedades (bacterias y virus).

Hemoglobina: Proteína transportadora de oxígeno de los eritrocitos. Contiene hierro y da color rojo a la sangre.

Hipocampo: Estructura encefálica en forma de caballito de mar que interviene en la creación de recuerdos.

Histamina: Sustancia química producida por los leucocitos que hace que los tejidos se inflamen y duelan. Se libera en las reacciones alérgicas o cuando los gérmenes o la suciedad entran en el cuerpo.

Hormona: Sustancia que libera una glándula a la sangre y que ejerce sus efectos en otras partes del cuerpo.

Huella de ADN: Patrón de bandas que se obtiene rompiendo el ADN y dividiéndolo en fragmentos sobre un gel. La policía y los científicos forenses usan las huellas de ADN para identificar a las personas.

Iris: Parte coloreada del ojo. Es un músculo que controla el tamaño de la pupila.

Lóbulos frontales: Dos partes principales de la corteza cerebral. Intervienen en la planificación y toma de decisiones.

Moco: Fluido espeso y pegajoso que produce la capa interna de la boca, la nariz, la garganta y el intestino.

Molécula: Grupo de átomos combinados químicamente. Por ejemplo, una molécula de agua está formada por dos átomos de hidrógeno y uno de oxígeno (H_2O).

Nervio: Haz de largas fibras nerviosas. Los nervios transmiten señales eléctricas entre el sistema nervioso central y el cuerpo.

Neurona: Célula nerviosa.

Neurotransmisor: Sustancia química que cruza la hendidura microscópica (sinapsis) que hay entre dos neuronas, y pasa una señal de una neurona a la siguiente.

Núcleo amigdalino: Estructura del sistema límbico del encéfalo. Desempeña un papel importante en las emociones.

Órgano: Gran estructura corporal con una función específica (estómago, corazón).

Óvulo: Célula sexual femenina.

Oxígeno: Gas que la sangre capta del aire al respiramos. Nuestras células necesitan oxígeno para obtener energía de los alimentos.

Placenta: Órgano a través del cual el feto en desarrollo absorbe el oxígeno y los nutrientes de su madre mientras está en el útero. El niño está unido a la placenta por el cordón umbilical.

Proteína: Molécula biológica compleja formada por una cadena de unidades llamadas aminoácidos. El músculo y el pelo son en su mayor parte proteínas. Unas moléculas proteicas llamadas enzimas controlan la mayoría de las reacciones químicas de los organismos vivos.

Psicoanalista: Psicólogo o médico que intenta tratar al paciente comentando sus sueños, recuerdos y relaciones familiares. Sigmund Freud fue el padre del psicoanálisis.

Psicólogo: Científico que estudia la mente, el comportamiento y la personalidad de los seres humanos.

Pubertad: Fase del desarrollo en la que el cuerpo adquiere la capacidad de reproducirse sexualmente.

Pupila: Círculo negro que se encuentra en el centro del ojo. Es el agujero por el que entra la luz en el ojo.

Sistema inmunitario: Sistema complejo de tejidos y células que defienden al cuerpo contra gérmenes invasores.

Sistema límbico: Conjunto de estructuras situadas en el centro del encéfalo. Desempeña un papel importante en las emociones y los procesos subconscientes.

Sistema nervioso simpático: Una de las dos divisiones principales de la parte involuntaria del sistema nervioso. Sirve para preparar al cuerpo para la acción.

Subconsciente: Por debajo del nivel de conciencia. Los procesos subconscientes suceden en el cerebro sin que la persona se dé cuenta de ellos.

Tendón: Grupo de fibras de conexión muy resistentes que unen el músculo al hueso.

Testosterona: Hormona sexual masculina. La testosterona induce el desarrollo de las características masculinas en la pubertad.

Tejido: Conjunto de células de un tipo similar, como la piel, el hueso o el músculo

Trasplante de órganos: Operación en la que se sustituye el órgano enfermo por un órgano sano extraído de otra persona.

Vena: Vaso sanguíneo con una pared delgada por donde viaja la sangre hacia el corazón.

Virus: Microorganismo muy simple que consiste en ADN o ARN, habitualmente con una cubierta de proteínas. Los virus se reproducen infectando a las células y a menudo producen enfermedades.

Vitamina: Compuesto orgánico complejo que el cuerpo necesita en cantidades muy pequeñas.

ÍNDICE

PR

S

T

UVW

YZ

AGRADECIMIENTOS

Los editores quieren dar las gracias a las siguientes personas por su ayuda en este libro: Janet Allis, Penny Arlon, Maree Carroll, Andy Crawford, Tory Gordon-Harris, Lorrie Mack, Pilar Morales por las ilustraciones digitales, Laura Roberts, Cheryl Telfer, Martin Wilson.

Gracias también a Somso Modelle por el uso de su modelo anatómico (p. 16)

Los editores también quieren agradecer a las siguientes personas e instituciones su permiso para reproducir sus imágenes: Significado de las abreviaturas: s=superior, i=inferior, d=derecha, iz=izquierda, c=centro.

Corbis: Bettmann 77cl; Cameron 57sd; Cheque 36-37i; L. Clarke 37sd; Robert Holmes 52ci; Richard Hutchings 22cdi; Thom Lang 6si, 13icd, 14cizi (cerebro); Lawrence Manning 35iiz; John-Marshall Mantel 52cs; Reuters 28ic; Anthony Redpath 1sis (fotos); ROB & SAS 33id; Royalty Free Images 29sc (boca), 79c; Nancy A. Santullo 64ic, 70siz; Norbert Schaefer 36-37c; Strauss/Curtis 22l, 78d; Mark Tuschman 64cizi, 78iz; Larry Williams 34c; Elizabeth Young 34ciz. DK Images: Commisioner for the City of London Police 73cd; Denoyer/Geppert Intl. 17cizi, 19sd, 20sd; Eddie Lawrence 59sd; Judith Miller, Otford Antiques & Collectors Centre, Kent 64ci (oso), 67iiz, 69cizi; 16d; Jerry Young 62c. Getty Images: Alistair Berg 26-27; Tipp Howell 49cds; Andreas Kuehn 64ca (cara), 79d; Stuart McClymont 52c; Eric O'Connell 80-81i; Royalty Free/Alan Bailey 64id, 78c; Chip Simons 77d; Anna Summa 79iz, 85iciz; Trujillo-Paumier 64sd, 76-77i; V.C.L. 36ciz; David Zelick 34sd. Science Photo Library: 10iz, 11siz, 11sd, 11iz, 11d, 14cdi (bote izquierdo), 14cdi (bote derecho), 15ciz, 18ciz; Alex Bartel 39cd; Annabella Bluesky 22cds, 35id; Neil Bromhall 39ciz; BSIP Ducloux 22cd; BSIP, Joubert 18cizs; BSIP/Serconi 11sciz; BSIP VEM 18cizi, 78iiz; Scott Camazine 19iiz; CNRI 6cd, 13iciz, 17cizi, 20cizs, 20iiz; Dept. de Citogenética Clínica, Addenbrookes Hospital 33ic; John Dougherty 12iiz; Eye of Science 19cizi, 20ciz; David Gifford 6, 22sd; Pascal Goetcheluck 28scd; Nancy Kedersha 5ciz, 44-45; Mehau Kulyk 11sc, 18d, 30cizi; Francis Leroy, Biocosmos 38iz; Dick Luria 21iiz; David M. Martin, M.D. 19ciz; Hank Morgan 29ic, 29sc (gráfico), 47id, 81sd; Dr. G. Moscoso 38d; Prof. P. Motta, Dept. de Anatomía, Universidad La Sapienza, Roma 15cizw; Profs. P.M. Motta & S. Makabe 38cd; Dr. Yorgos Nikas 38ciz; David Parker 28sciz; Alfred Pasieka 29iiz, 46-47c(cerebro); Prof. Aaron Polliack 10r, 14cdi (tarro medio); Victor De Schwanberg 12iciz, 13sd, 14cizi(corazón), 14cizi (riñón); Volker Steger 58siz, 72-73; VVG 6sd, 21cdi; Andrew Syred 6cizi, 11scd, 17cizs, 21ciz, 28sd, 30ciz; Paul Taylor 12icdr; Tissuepix 39iz; Geoff Tompkinson 46iiz; 83 (coche) National Motor Museum, Beaulieu, Somso Modelle 14siz.

Soluciones

Página 51
Izquierda o derecha

Lo más probable es que hayas avanzado más con una de tus manos. Es tu mano dominante, y la que utilizas para escribir. Si has avanzado igual con las dos manos, considérate afortunado: casi toda la gente utiliza preferentemente una mano o la otra.

Página 54
¿Cómo es tu memoria para las palabras?

Si recordaste más de 8, felicítate. Las palabras son más difíciles de recordar que las caras, pero más fáciles que los números. Probablemente encontraste que las palabras inusuales (como "vómito") eran más fáciles de recordar que otras más aburridas (como "ensalada"). Eso se debe a que el cerebro presta más atención a cualquier cosa fuera de lo corriente. Quizá tu memoria visual te ayudó en esta prueba, especialmente si uniste palabras en combinaciones raras, como "jamón en una alfombra" o "guijarro en una silla".

Página 55
¿Cómo es tu memoria visual?

Si has recordado más de la mitad de los objetos, ¡felicidades! Esta prueba es más difícil que la de las palabras, porque no puedes usar la imaginación para crear imágenes que se puedan recordar. Los objetos de la bandeja son anodinos y es improbable que permanezcan en tu memoria a corto plazo.

Página 55
Calculadora humana

La mayoría de la gente sólo puede recordar 7 dígitos a la vez en la memoria a corto plazo, de modo que si has recordado más, ¡enhorabuena! Los números son mucho más difíciles de recordar que las palabras o las imágenes, porque son mucho menos interesantes. Pero puedes mejorar la memoria de un número largo diciéndolo tantas veces que tu cerebro recuerde el sonido de las palabras. Esto funciona incluso aunque lo digas en silencio, para ti, sin pronunciarlo. Si algo te distrae mientras haces esto, el número desaparecerá rápido de tu memoria a corto plazo.

Páginas 60-61
Inteligencia espacial

1e, 2b, 3b, 4e, 5d, 6a, 7d, 8b, 9b, 10e.

Páginas 60-61
Inteligencia verbal

1c, 2d, 3a, 4d, 5e, 6c, 7e, 8d, 9a, 10c, 11d, 12c, 13e, 14a, 15b, 16b.

Páginas 62-63
Inteligencia numérica

1e, 2e, 3a, 4d (cada par de números se suma al siguiente en la secuencia), 5b, 6a (los números muestran la posición de cada letra en el alfabeto), 7e, 8d (¡atención, es una pregunta con truco!), 9d, 10c (otra pregunta con truco), 11d, 12a, 13b, 14b (todos los números son cuadrados), 15c.

Páginas 62-63
Inteligencia lateral

1. Un pollito dentro del huevo.
2. Formaron parte de la cara de un muñeco de nieve en invierno, pero el muñeco se derritió.
3. La mochila contiene su paracaídas, que no se abrió.
4. Son trillizos.
5. Una tapa cuadrada puede caerse dentro si se da la vuelta, pero una redonda no.
6. El ponche contenía cubitos de hielo con agua venenosa. El hielo se fundió después de que el hombre se fuera.
7. Nada.
8. Enciende el primer interruptor y deja el segundo apagado. Enciende el tercer interruptor durante dos minutos y luego apágalo. Sube las escaleras: una de las luces (interruptor 1) estará encendida y una de las otras dos bombillas (interruptor 3) estará tibia. La bombilla fría corresponde al interruptor 2.
9. El hombre es un enano y no puede llegar más allá del botón 7 del ascensor. En los días de lluvia lleva un paraguas y puede usarlo para apretar el botón de arriba.

Página 75
Búho o alondra

Anota 4 puntos por cada A, 3 puntos por cada B, 2 puntos por cada C y 1 punto por cada D.

6-11 puntos. Eres un búho y te gusta acostarte tarde. Pero podrías descansar poco, lo que haría que tuvieras mal humor durante el día y que fueras peor en los estudios. Intenta ir a la cama antes de lunes a viernes si crees que necesitas dormir más.

12-18 puntos. No eres ni búho ni alondra y probablemente tengas hábitos de sueño adecuados.

19-24 puntos. Eres una alondra y te encantan las mañanas. Considérate afortunado: a la mayoría de la gente no le gusta nada levantarse temprano.

Página 85
Descubre la sonrisa falsa

1, 2 y 3 son falsas;
4, 5 y 6 son auténticas.